en DIRECTO

Libro del alumno
nivel elemental

Aquilino Sánchez Pérez

Español Lengua Extranjera

SOCIEDAD GENERAL ESPAÑOLA DE LIBRERÍA, S.A.

SGEL

Primera edición, 2006
Reimpresión, 2008

Produce SGEL - Educación
Avda. Valdelaparra, 29
28108-Alcobendas (Madrid).

© Aquilino Sánchez Pérez

© Sociedad General Española de Librería, S. A., 2006
    Avda. Valdelaparra, 29, 28108 Alcobendas (Madrid).

Diseño de cubierta: Dayo 2000
Maquetación: Dayo 2000
Ilustraciones: Carlos Moreno y Labart
Fotografías: Archivo SGEL

ISBN: 978-84-9778-173-2
Depósito legal: M-35422-2008
Printed in Spain – Impreso en España

Impresión: Lavel, S. A.

CONTENIDO

Los métodos y estilos individuales de aprendizaje de lenguas son varios, como han sido y siguen siendo varios los métodos aplicados en clase. Pero, de otra parte, hay determinados elementos que siguen presentes y han demostrado ser eficaces, sean cuales fueren los estilos y los métodos aplicados por el profesor. A este conjunto de elementos comunes pertenecen estrategias y procedimientos —por mencionar los más importantes— como la repetición, la asociación de imágenes y conceptos a las palabras de la lengua que se aprende, la conceptualización de las reglas que rigen la producción lingüística, la relevancia de lo que se aprende en relación con la función comunicativa del lenguaje, la dosificación, organización y ordenación de lo que se pretende enseñar, el control pedagógico de los materiales introducidos, la moderada variedad de ejercicios en clase, la toma en consideración de elementos contrastivos respecto a la lengua materna del alumno, etcétera. **En directo** ha tenido presente esta realidad, y se ha elaborado teniendo especialmente en cuenta lo que es **permanente y esencial,** aunque sin dejar totalmente de lado otros elementos transitorios, como, por ejemplo, ciertas palabras y registros cambiantes según la edad, zona geográfica o nivel de comunicación, o determinados aspectos culturales que inciden de una u otra manera en el sistema lingüístico.

El resultado de este trabajo es un manual de uso y comprensión fácil y transparente en todos los aspectos, especialmente en las muestras de lengua presentadas, en el control pedagógico de los materiales y en las actividades sugeridas. Esa facilidad de uso la percibirán tanto los profesores como los alumnos. Se ha evitado expresamente la complejidad de muchos de los manuales producidos actualmente para ganar así en eficacia y facilitar mejor el logro de los objetivos fundamentales en el aprendizaje lingüístico.

	Gramática y estructuras	Funciones comunicativas específicas	Léxico específico	Ortografía y Pronunciación
1	Verbo *ser* y *estudiar*. *¡Hola! ¿Eres estudiante?* *Sí, soy estudiante de español.* *Me llamo Kevin. Se llama Richard.* * Mucho gusto. Encantado/a.* *Teresa es periodista.* *Igor es ruso.*	Saludar. Preguntar por el nombre. Decir el nombre. Decir la nacionalidad.	Nombres propios. Números: 1-10. Letras del alfabeto español.	Pronunciación de las letras del alfabeto español.
2	*Somos, sois, son.* *Estudiamos, estudiáis, estudian.* Negación: *Soy / NO soy…* El artículo y la concordancia con el nombre y el adjetivo. *Este – esta / Aquel – aquella.* *Él es italiano. Ella es italiana* *Este es / Esta es…* *La profesora es simpática.*	Preguntar por nacionalidad y responder. Afirmar y negar algo. Expresar lejanía y proximidad en el entorno.	Algunas profesiones. Nacionalidades y países. Números: 11-20.	Las cinco vocales del español.
3	Formación del plural. Concordancias para el singular y plural. *Hay / Está / están* *Hay + nombre / adjetivo – nombre.* *Hay una fuente. Hay muchos estudiantes*	Situar las cosas en el entorno y expresar su posición. Posición de las cosas: (*delante, detrás, en el centro, sobre, debajo, en el centro, a la derecha, a la izquierda…*)	Preposiciones para señalar posición en el espacio. Números: 21-50	c + a, o, u c + e, i
4	Verbo «estar». Contraste *Es –está*. Estar + adjetivo/adverbio: *Estoy cansado / Estoy bien*. Concordancias sujeto + atributo (con *ser* y *estar*).	Expresar situación y estado. Expresar estados de ánimo más frecuentes de las personas.	Nombres de las cosas y objetos del entorno.	ñ
5	Presente de indicativo de verbos en –AR. Concordancia. Plural de adjetivos acabados en consonante: *fácil-fáciles*.	Expresar lo que alguien hace o desea. Preguntar por datos personales.	Nombres de naciones, nacionalidades e idiomas. Números 50-100	b, v
	Revisión y control 1-5			
6	Inversión sujeto/verbo en frases interrogativas: *Pepe trabaja en casa*. *¿Trabaja Pepe en casa?* Negación en frases: *Trabajo / No trabajo*. Preguntas con *¿Qué…?* *¿Qué día es hoy? - Hoy es….* *¿Qué eres? ¿En qué trabajas?* Género de algunas palabras que indican profesión.	Preguntar por fechas y hacer referencia a días de la semana. Preguntar por trabajo y profesión y responder.	Días de la semana. Nombres de profesiones.	c + e/i (en el español estándar y en Hispanoamérica)
7	Formas del presente de indicativo de los verbos en –ER. Tiempos irregulares del presente (*hacer, querer, tener*).	Preguntar y decir la hora. Expresar la hora. *Son las cinco y cuarto.* Hablar del menú del día.	Expresiones para preguntar y decir la hora *¿Qué hora es?* *Es la una.* *Son las dos* *Son las tres en punto* *Son las cuatro menos diez*). Números de orden: *Primero, segundo*. Nombres de alimentos.	c + a/o/u y K

	Gramática y estructuras	Funciones comunicativas específicas	Léxico específico	Ortografía y Pronunciación
8	Formas del presente de indicativo de los verbos en –IR. Formas irregulares del presente (*poder, poner, tener*). Adjetivos posesivos (*mi, tu, su*).	Expresar posesión y pertenencia. (-*¿De quién es...? –Es de... –Es mi...*) Preguntar dónde vive alguien y responder. Hablar de la familia.	Nombres de los miembros de una familia.	c, k, qu
9	Formas irregulares del presente de indicativo: *Salir, volver; cerrar, sentir, empezar.* Formas de los posesivos (*mi/mío/el mío, tu/tuyo/el tuyo*, etc.). *Para mí/ti/él-ella-usted.*	Hablar de acciones habituales. Referirse a los meses y estaciones del año. Expresar posesión en distintas modalidades.	Números de orden : 1.° al 10.°. Enumeración de acciones habituales.	g + a, o, u
10	Formas de los posesivos para uno y varios poseedores (*mi/mío/el mío, tu/tuyo/el tuyo; nuestro/el nuestro*, etc.). Formas irregulares del presente de indicativo: *Servir, decir-pedir*	Expresar posesión y pertenencia.	Prendas de vestir. Números a partir de 100.	g + e, i
	Revisión y control 6-10			
11	Pronombres antepuestos al verbo (*Me gusta, te gusta, le gusta...*). *Lo/la, los/as* como objeto directo (antes del verbo y pospuesto a la forma verbal).	Expresar gustos y preferencias. Hablar de colores.	Nombres de los colores y prendas de vestir.	j
12	Verbos (impersonales) y estructuras para hablar del tiempo atmosférico. *Hace calor, fresco, frío....* *Nieva, llueve...* *Hace buen/mal tiempo* Negación con uno o más elementos (*Nunca llueve – No llueve nunca*).	Preguntar por el tiempo. Hablar del tiempo y de la situación atmosférica.	Nombre de los fenómenos atmosféricos Estaciones del año. Comidas en países de habla hispana.	r
13	*Ir a* + infinitivo. *Ir a / venir de.* *Lo/la/los/las* como objeto directo (referido a personas). Estructuras y expresiones para preguntar por la edad y expresarla (*¿Cuántos años/Qué edad tienes? Tengo...*).	Preguntar por la edad; decir la edad. Felicitar a alguien. Hablar por teléfono	Expresiones para hablar por teléfono (en distintos países de habla hispana). Números: de 1.000 en adelante	rr
14	Formas verbales del pretérito perfecto de indicativo. Algunas formas irregulares del participio (*abrir, ver, hacer*, etc.). Concordancia de sujeto y participio en la estructura «*estar + participio*». Posición de los complementos de objeto directo en tiempos compuestos.	Narrar hechos y acciones del pasado.	Hechos y acciones habituales y de la vida diaria.	z
15	Imperativos regulares (afirmación y negación: *Cierra / NO cierres; Tómalo / NO lo tomes*). Formas irregulares del imperativo (*Ven, haz, piensa, cierra, sirve,* etc.).	Dar órdenes y consejos. Dar instrucciones.	Instrucciones más frecuentes en la vida diaria y habitual.	l, ll
	Revisión y control 11-15			

	Gramática y estructuras	Funciones comunicativas específicas	Léxico específico	Ortografía y Pronunciación
16	Elementos y estructuras de comparación (*más que; menos que; igual... que; tan como; bueno, mejor, peor*).	Establecer comparaciones.	Productos habituales y precios. Nombres de prendas de vestir.	ch
17	Formas verbales del futuro. Algunas formas irregulares del futuro (*habré, querré, saldré...*).	Hablar del futuro. Referirse a hechos y acciones futuras. Hacer planes para el futuro.	Vocabulario relativo a deseos y planes habituales en la vida diaria.	h
18	Formas verbales del pretérito indefinido. Contraste indefinido/pretérito perfecto. Formas irregulares del presente (*conozco, obedezco...*) Estructura: *Hace un año/una semana*, etc.	Referirse al pasado (disociado del presente). Contar hechos pasados.	Vocabulario de hechos y acciones habituales en la vida diaria.	x
19	Formas verbales del pretérito imperfecto. Algunas formas irregulares del imperfecto (*iba, era, veía...*). Estructuras: *Nunca/ no ... nunca. Quién / Qué*.	Hacer referencia al pasado (como algo continuado). Narrar hechos y acciones del pasado.	Vocabulario relativo a acciones habituales en la vida diaria y a objetos del entorno.	v, w
20	Formas del gerundio. Estructura *«Estar + gerundio»*. Imperativos irregulares (*Pon, ven, ten, haz*). Órdenes afirmativas y negativas (*Ven / No vayas*). Posición de pronombres de objeto directo e indirecto (*dale, dáselo*).	Expresar acciones que se están realizando. Dar consejos y órdenes. Desaconsejar o prohibir.	Palabras relativas a hechos habituales y de la vida diaria.	—
	Revisión y control 15-20			

ME LLAMO LISA

 1. Escucha esta conversación.

Lisa: ¡Hola! ¿Eres estudiante de español?
Kevin: Sí, soy estudiante de español. Me llamo Kevin.
Lisa: Y yo me llamo Lisa.

Kevin: ¿Es esta la clase de español?
Lisa: Sí, esta es la clase de español.

Lisa: Mira, esta es mi amiga Tana.
Kevin: ¡Hola, Tana! Yo soy Kevin.
Tana: Mucho gusto, Kevin.
Kevin: Encantado, Tana.

Tana: ¿También estudias español?
Kevin: Sí, estudio español. Y también ruso.
Tana: ¿Estudias ruso? ¡Yo soy rusa!
Kevin: Y yo soy americano.
Tana: ¡Pues yo también estudio inglés!

 2. Escucha de nuevo y repite.

Estudia y practica

Verbos *ser*, *estudiar* y *llamarse*.

(yo)	soy	rusa
(tú)	eres	americano
(él, ella)	es	español, italiana
(yo)	estudio	español
(tú)	estudias	ruso
(él, ella)	estudia	inglés
(yo)	me llamo	Carlos
(tú)	te llamas	Antonio
(él, ella)	se llama	Carmen

1. Responde a estas preguntas.

> ➡ (yo) Soy Lisa. ¿Y tú?   • Yo soy Kevin.

1. **Soy** Tana. ¿Y ella? _____

2. Él **es** David. ¿Y tú? _____

3. **Soy** Maiko. ¿Y él? _____

4. Ella **es** Brigitte. ¿Y tú? _____

5. Yo **soy** Rachid. ¿Y él? _____

6. Yo **soy** Bernard. ¿Y tú? _____

2. Completa con *soy, eres, es; estudio, estudias, estudia; me llamo.*

1. Kevin _____ americano.

2. _____ _____ Rachid y _____ argelino.

3. Sara _____ español.

4. Maiko también _____ inglés.

5. Bernard _____ estudiante de español.

6. Ésta _____ la clase de español.

7. Yo _____ David. ¿Y tú?

8. Yo _____ Ivan. Y tú, ¿ _____ Klaus?

Amplía tu vocabulario

1. Lee y observa.

| –¿Qué eres?
 –*Soy estudiante.* | –¿Qué es Luisa?
 –*Es profesora.* |

Ana **es** secretaria. Juan **es** camarero. Rafael **es** profesor. Teresa **es** reportera.

María **es** enfermera. Antonio **es** médico. Carmen **es** economista. Pascual **es** taxista.

2. Responde.

| ➡ ¿Qué es…?   • *… es reportera.* |

1. Antonio – _____
2. Ana – _____
3. Carmen – _____
4. Rafael – _____

5. Juan – _____
6. Teresa – _____
7. Pascual – _____
8. María – _____

3. Relaciona estas dos columnas.

médico	oficina
economista	noticias
profesor	escuela
taxista	enfermo
enfermera	hospital
camarero	taxi
secretaria	empresa
reportera	restaurante / bar

Anímate y habla

1. Pregunta.

> ➡ Lisa es estudiante. • ¿Es Lisa estudiante?

1. Klaus es médico. _____
2. Pascual es taxista. _____
3. Juan es camarero. _____
4. Rafael es profesor. _____

5. Teresa es reportera. _____
6. María es profesora. _____
7. Antonio es médico. _____
8. Carmen es economista. _____

2. El primer día de clase: presentaos según el modelo.

Ana: Mira, esta es Teresa.

Klaus: ¡Hola, Teresa! Yo soy Klaus.

Teresa: Mucho gusto, Klaus.

Klaus: Encantado, Teresa.

3. Responde.

> ➡ ¿Es Luis? • *Sí, es Luis.*
> ➡ ¿Es Carmen profesora? • *Sí, es profesora.*

1. ¿Es Maiko? – _____
2. ¿Es Kevin estudiante? – _____
3. ¿Es médico Rafael? – _____
4. ¿Es Sara? – _____
5. ¿Es Carmen economista? – _____
6. ¿Es Luis camarero? – _____
7. ¿Es Pascual? – _____
8. ¿Es Tana estudiante de español? – _____

4. ¿Cómo se llama...?

Me llamo	Se llama	Me llamo	Se llama	Me llamo	Se llama
_____	_____	_____	_____	_____	_____

Estudia y practica

> ➡ Soy español.   • Soy de España.

Juan ____ español.

George __ americano.

Igor ____ ruso.

John ____ inglés.

Junichi ____ japonés.

Meng ____ Chino.

Klaus ____ alemán.

Carlo ____ Italiano.

Relaciona.

> Es mexicano. Es de México.

Chile	cubano
México	colombiano
Perú	francés
Francia	chileno
Brasil	venezolano
Argentina	mexicano
Cuba	peruano
Colombia	brasileño
Venezuela	argentino

Observa y practica

Esta es Carmen.

Este es Antonio.

1. Haz frases según el modelo.

Juan / Lisa   Este es Juan. / Esta es Lisa.

1. Pedro – _____
2. Luis – _____
3. Isabel – _____
4. Sara – _____

5. Raquel – _____
6. Ángel – _____
7. Pilar – _____
8. Marisol – _____

2. Los primeros números.

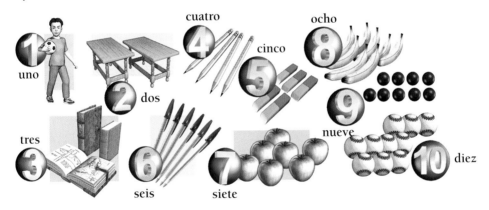

uno · dos · tres · cuatro · cinco · seis · siete · ocho · nueve · diez

3. Pregunta por el nombre, según el modelo.

➡ ¡Hola! Soy Sara. Y tú, ¿cómo te llamas?   • (yo) Me llamo Ramón.

1. ¡Hola! Soy Carmen. Y tú, ¿_____? – _____
2. ¡Hola! Soy Raquel. Y tú, ¿_____? – _____
3. ¡Hola! Soy Antonio. Y tú, ¿_____? – _____
4. ¡Hola! Soy Luis. Y tú, ¿_____? – _____
5. ¡Hola! Soy Maribel. Y tú, ¿_____? – _____
6. ¡Hola! Soy Pilar. Y tú, ¿_____? – _____
7. ¡Hola! Soy Antonio. Y tú, ¿_____? – _____
8. ¡Hola! Soy Juan. Y tú, ¿_____? – _____

Practica

1. Escribe un diálogo. Luego léelo a tus compañeros de clase.

2. Observa las diferencias.

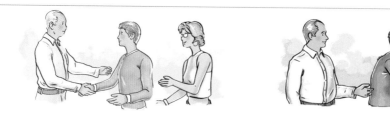

En España se suele saludar...

– Entre hombres: Estrechando la mano.

– Entre mujeres: Dándose un beso en cada mejilla.

– Entre un hombre y una mujer: Dándose un beso en cada mejilla.

Para hablar

1. El alfabeto y los sonidos del español.

a b c d e f g h i j k l m n ñ o p q r s t u v w x y z

2. Escucha estas palabras. ¿Tiene tu idioma estos sonidos?

A, a: cAsA

J, j: Jirafa

R, r: Rata

B, b: Barco

K, k: Karateca

S, s: Sombrero

C, c: Corazón

L, l: León

T, t: Televisor

D, d: Dedo

M, m: Mano

U, u: Uva

E, e: Estrella

N, n: Nube

V, v: Volcán

F, f: Falda

Ñ, ñ: niÑa

W, w: Web

G, g: Gato

O, o: OjO

X, x: taXi

H, h: Hombre

P, p: Puerta

Y, y: Yuca

I, i: Iglesia

Q, q: Quijote

Z, z: Zapato

2

SOY ESPAÑOL

PISTA 5

 1. Escucha esta conversación entre estudiantes de español.

Francesco: Mira, Sara. Este es el bar.
Es pequeño, pero muy agradable.
Y allí está el camarero.
Es muy simpático.

Camarero: Buenos días. ¿Tomáis
algo?
Francesco: Sí, yo, un café.
Sara: Y yo, una tónica.

Maiko: Aquel señor, ¿también es estudiante?
John: No, no es estudiante. Es el nuevo profesor
de español. Pero las chicas sí son estudiantes.
Estudian en esta escuela.

Sara: Francesco, mira. Estos son dos buenos amigos,
Akira y Liu.
Francesco: ¡Hola! ¿Sois estudiantes de español?
Liu y Akira: ¡Hola! Sí, estudiamos español.
¿Y tú también estudias español?
Francesco: Sí, estudio español en esta escuela.

Maiko: Yo soy japonesa. ¿Y tú?
John: Yo soy americano. Soy de Arizona.
Sara: Pues yo soy italiana. Y tú, ¿de dónde eres?
Francesco: Yo también soy de Italia. Soy italiano.
Liu: Pues yo soy chino.
Akira: Y yo, japonés.

PISTA 5

 2. Escucha de nuevo y repite.

3. Lee el diálogo y responde.

   a) ¿Es Francesco estudiante?

   b) ¿Es Sara americana?

   c) ¿Es nuevo el profesor de español?

   d) ¿Es Liu chino?

   e) ¿Son las chicas estudiantes?

Estudia y practica

Los verbos *ser* y *estudiar*.

(nosotros, nosotras) (vosotros, vosotras) (ellos, ellas, ustedes)	somos sois son	españoles / as japoneses / as americanos / as italianos / as
(nosotros, nosotras) (vosotros, vosotras) (ellos, ellas, ustedes)	estudiamos estudiáis estudian	*español*

Observa

En español no es necesario poner siempre el pronombre antes del verbo, porque la terminación verbal ya señala la persona a la que se refiere.

1. Responde a estas preguntas.

➡ (yo) **Soy italiano. ¿Y tú?** • *Yo también soy italiano.*

2. Somos americanos.
   ¿Y vosotros?

   – _____

4. Yo soy español.
   ¿Y Brigitte?

   – _____

1. Soy español. ¿Y ella?

– _____

3. Maiko es japonesa.
   ¿Y Michiko?

   – _____

6. Él es japonés. ¿Y
   ellos?

   – _____

8. Yo soy chino. ¿Y él?

   – _____

5. Vosotros sois chinos.
   ¿Y vosotros?

– _____

7. Nosotros somos
   españoles. ¿Y tú?

   – _____

2. Completa estas frases con el verbo *ser*.

1. Francesco _____ italiano.
2. Akira y Liu _____ estudiantes.
3. Sara y Francesco _____ italianos.
4. El camarero del bar _____ español.
5. Nosotros _____ americanos.
6. Sara y Maiko _____ estudiantes de la escuela.
7. ¿_____ vosotras también japonesas?
8. Yo _____ el profesor de español.

Amplía tu vocabulario

El libro es barato.

El caviar es caro.

El señor es alto.

El niño es bajo.

El coche es viejo.

El barco es nuevo.

El pan es bueno.

El tabaco es malo.

El profesor es delgado.

El alumno es gordo.

2. Responde: ¿Cómo es...?

el señor	– _____		el libro	– _____
el alumno	– _____		el profesor	– _____
el tabaco	– _____		el caviar	– _____
el pan	– _____		el coche	– _____
el niño	– _____		el barco	– _____

Anímate y habla

Soy italiano. Soy estudiante de español.	No soy italiano. No soy estudiante de español.

En español la negación se forma poniendo **NO** antes del verbo.

– ¿**Es** alumno o profesor?
– **No** es alumno, es profesor.

– ¿**Sois** japoneses o italianos?
– _____

– ¿**Soy** médico o arquitecto?
– _____

– ¿**Son** cantantes o secretarias?
– _____

– ¿**Eres** americano o chino?
– _____

– ¿**Somos** franceses o alemanes?
– _____

– ¿**Sois** enfermeras o estudiantes?
– _____

– ¿**Son** policías o camareros?
– _____

Estudia y practica

El lápiz / Un lápiz

La profesora / Una profesora

Los libros / Unos libros

Las niñas / Unas niñas

El artículo concuerda en género y en número con el nombre al que determina. El artículo siempre va delante del nombre.		
El chico – Un amigo Los chicos – Unos amigos	= Masculino singular = Masculino plural	
La chica – Una amiga Las chicas – Unas amigas	= Femenino singular = Femenino plural	
A + el > **al**: *El señor sube al coche* De + el > **del**: *El libro del alumno*		

1. ¿*el* o *la*? Escribe el artículo adecuado a cada nombre.

___ profesor   ___ pan   ___ camarero   ___ coche   ___ barco

___ libro   ___ señor   ___ alumno   ___ casa   ___ amiga

___ caviar   ___ niño   ___ médico   ___ tabaco   ___ hospital

2. En estas frases faltan algunos artículos. ¿Cuáles?

1. ___ alumnos son japoneses.

2. El coche ___ profesor es nuevo y grande.

3. El médico está en ___ hospital.

4. Carmen es ___ enfermera ___ hospital.

5. Este es ___ nuevo profesor de español.

6. ___ alumna pregunta ___ profesor.

Observa y practica

Este coche.

Aquel coche.

Esta casa.

Aquella casa.

Este / Esta: señala proximidad respecto al hablante.	**Aquel / Aquella:** señala lejanía respecto al hablante.

1. Haz frases según el modelo.

> ➡ *Este es el profesor.*   • *Aquel es el profesor.*

1. Este es el camarero.   – _____
2. Esta es la profesora.   – _____
3. Este es el médico.   – _____
4. Esta es la secretaria.   – _____
5. Esta es la enfermera.   – _____
6. Este es el alumno.   – _____
7. Esta es la señora Sánchez. – _____
8. Este es el policía.   – _____

2. Más números.

11 **once**	13 trece	15 quince	17 diecisiete	19 *diecinueve*
12 doce	14 **catorce**	16 **dieciséis**	18 **dieciocho**	20 *veinte*

Fíjate bien

El camarero es chino. Este camarero es chino.	La profesora es simpática. Esta profesora es simpática.

En español, el adjetivo concuerda con el nombre.

Los masculinos acaban a menudo en –o, y los femeninos en –a.

1. Habla según el modelo.

➡ Esta mesa es pequeña.   • Aquella mesa también es pequeña.

1. Este alumno es ruso.   – _____

2. Esta enfermera es rubia.   – _____

3. Esta alumna es guapa.   – _____

4. Esta casa es antigua.   – _____

5. Este profesor es simpático.   – _____

6. Este chico es alto.   – _____

7. Esta chica es delgada.   – _____

8. Este señor es gordo.   – _____

2. Escribe la terminación adecuada.

1. El libro es nuev___

2. Esta chica es guap___

3. La casa es antigu___

4. Esta mesa es pequeñ___

5. Este caviar es buen___

6. La escuela es nuev___

7. El profesor es delgad___

8. La enfermera es simpátic___

Observa las diferencias

Algunos nombres españoles acortan y alteran su forma en el uso coloquial y familiar:

Francisco = *Paco*	Manuel = *Manolo*
Dolores = *Lola*	Pilar = *Pili*
José = *Pepe*; Josefa = *Pepa*	Rosario = *Charo*.

1. Escribe un diálogo. Luego léelo a tus compañeros.

2. Practica las vocales.

En español sólo hay cinco vocales: **a, e, i, o, u.**

¿Cuántas hay en tu idioma?

3. Escucha y repite estos ejemplos.

casa	oso	ese	uso	casi	esa	asa
ala	ola	ave	uva	eres	somos	enfermera

1. Escucha esta conversación.

Maiko: ¿Es esta la universidad?
Carlos: No, esta no es la universidad, es la biblioteca de la ciudad.
Maiko: ¿Y dónde está la universidad?
Carlos: Está en la plaza de la Ciencia. Está cerca, delante de aquel edificio alto.

Maiko: Señor, ¿es esta la universidad?
Señor: No, aquí no es.
Maiko: ¿Y cómo es la universidad?
Señor: Es un edificio grande y antiguo. Mire, es aquel edificio.
Maiko: ¿Aquel edificio alto?
Señor: No, el edificio alto no. Es aquel edificio antiguo, a la derecha. Es un edificio grande. Delante del edificio hay una fuente y muchos árboles. Mire, a la izquierda hay también un jardín. Hay muchos estudiantes a la puerta.

Maiko: ¡Ah! Aquel edificio antiguo. Muchas gracias, señor.
Señor: De nada, señorita.

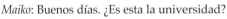

Maiko: Buenos días. ¿Es esta la universidad?
Marta y Pilar: Sí, es esta.
Maiko: ¿Y dónde está la clase de español?
Marta: ¿La clase de español? Pues… A ver. Mira, hay un patio al final del pasillo. En el patio hay una estatua. Pues detrás de la estatua está la clase de español.
Maiko: Gracias.

2. Escucha de nuevo y repite.

3. Lee el diálogo y responde.

a) ¿Dónde está la universidad?

b) ¿Es la universidad un edificio antiguo?

c) ¿Hay árboles delante de la universidad?

d) ¿Dónde está la clase de español?

e) ¿Está la biblioteca en la plaza de la Ciencia?

Estudia y practica

Formación del plural

El edificio / Un edificio	Los edificios / Unos edificios
La puerta / Una puerta	Las puertas / Unas puertas
El señor / Un señor	Los señores / Unos señores
La señora / Una señora	Las señoras / Unas señoras

El plural

1. **El plural** se forma:

   – Si la palabra acaba en **vocal no acentuada**, o en **-é, -ó, -á** (acentuadas): añadiendo **–s** al singular: *coche / coches, casa / casas, libro / libros; café / cafés, dominó / dominós, sofá / sofás.*

   – Si la palabra acaba **en consonante**: añadiendo **-es** al singular: *señor / señores, árbol / árboles.*

2. En español, muchos nombres acabados en **–a** son femeninos y muchos acabados en **-o** masculinos.

   Pero hay algunas excepciones: *el problema, el tema; la radio, la moto.*

---

1. Completa y pon el artículo y el nombre en plural.

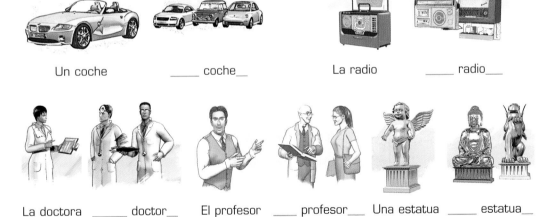

Un coche   _____ coche__   La radio   _____ radio___

La doctora _____ doctor__   El profesor ____ profesor___   Una estatua _____ estatua__

2. Escribe el singular de...

1. Los jardines.   – _____
2. Unas fuentes de agua. – _____
3. Unos árboles altos.   – _____
4. Unas estudiantes.   – _____

5. Los patios grandes.   – _____
6. Los profesores de español. – _____
7. Unas estatuas antiguas.   – _____
8. Las enfermeras del hospital. – _____

Amplía tu vocabulario

La fuente **está en** el patio.
En el patio **hay** una fuente.

El hotel **está a la derecha**.
A la derecha **hay** un hotel.

El sofá **está sobre** la alfombra.
Sobre la alfombra **hay** un sofá.

Encima del armario **hay** un juguete.
El juguete **está encima** del armario.

El bolso **está delante del** televisor.
Delante del televisor **hay** un bolso.

La estatua **está en el centro del** jardín.
En el centro del jardín **hay** una estatua.

Al lado de la mesa **hay** una silla.
La silla **está al lado de** la mesa.

A la izquierda hay un banco.
El banco **está a la izquierda**.

Hay un gato **debajo de** la mesa.
El gato **está debajo de** la mesa.

El niño **está entre** el padre y la madre.
Entre el padre y la madre **hay** un niño.

Detrás de la lámpara **hay** unos libros.
Los libros **están detrás** de la lámpara.

Dentro de la casa **hay** una niña.
La niña **está dentro de** la casa.

Anímate y habla

Anota: ¿verdadero o falso?

a la derecha de	dentro de	detrás de	encima de
a la izquierda de	al lado de	debajo de	entre
sobre	enfrente de	en el centro de	delante de

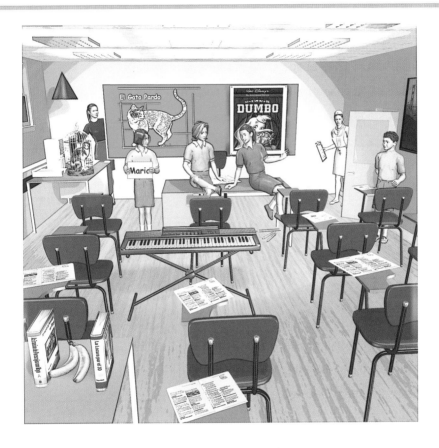

	V	F
El gato del dibujo está *dentro de* una jaula.		
Hay cuadernos *encima de* algunas mesas de los alumnos.		
Los plátanos están *a la derecha de* dos libros grandes.		
María está *a la izquierda de* la mesa del profesor.		
Hay un niño *al lado de* la puerta.		
La profesora está *detrás de* la pizarra.		
Los lápices están *debajo de* la mesa.		
Hay dos niñas *sobre* la mesa.		
Hay una enfermera *detrás de* la puerta.		
Hay un niño *a la izquierda de* la mesa.		
Hay un gran cartel de DUMBO *enfrente de* los alumnos.		
En el centro de la clase hay un piano.		

Estudia y practica

> ➡ ¿Dónde **está** el libro?   • ¿Dónde **están** los libros?
>
> (yo) **estoy**, (tú) **estás**, (él/ella/usted) **está**,
>
> (nosotros/as) **estamos**, (vosotros/as) **estáis**, (ellos/ellas/ustedes) **están**

1. Responde según el modelo.

¿Dónde está el profesor? En clase.   – *El profesor está en clase.*

1. ¿Dónde está la universidad? *En la plaza Mayor.*   – _____
2. ¿Dónde está la enfermera? *Dentro del hospital.*   – _____
3. ¿Dónde está el árbol? *Detrás de la casa.*   – _____
4. ¿Dónde está la mesa? *A la izquierda del armario.* – _____
5. ¿Dónde está el coche? *Delante del banco.*   – _____
6. ¿Dónde está el hotel? *A la derecha del cine.*   – _____

2. Responde con una frase negativa.

¿Están los niños en clase?   – *No, los niños no están en clase.*

1. ¿Están los lápices sobre la mesa?   – _____
2. ¿Están las sillas detrás de la puerta?   – _____
3. ¿Están los libros a la izquierda de la profesora?   – _____
4. ¿Están los profesores dentro de la clase?   – _____
5. ¿Están los alumnos delante de la profesora?   – _____
6. ¿Están los estudiantes al lado del profesor?   – _____

3. Completa con *está*, *están* o *hay*.

Maiko: ¿Y dónde _____ la universidad?

Carlos: _____ en la plaza de la Ciencia. _____ cerca, delante de aquel edificio alto.

Maiko: Señor, ¿es esta la universidad?

Señor: No, aquí no es. En la universidad _____ estudiantes y aquí no _____ estudiantes.

Maiko: ¿Y dónde _____ los estudiantes?

Señor: Delante de aquel edificio antiguo, a la derecha. La universidad es un edificio grande. Delante de la universidad _____ una fuente y muchos árboles. Y a la izquierda _____ también un jardín. _____ muchos estudiantes a la puerta.

Observa y practica

> Hay **un lápiz** sobre la mesa.
> Hay **unos libros** sobre la mesa.
> Hay **cuadernos** sobre la mesa.
> Pero no: *Hay ~~los~~ **cuadernos** sobre la mesa.

1. Haz frases según el modelo.

a)   ¿Qué hay en la ciudad?

Muchas calles.   – *En la ciudad hay muchas calles.*

1. cuatro iglesias   – _____

2. diez farmacias   – _____

3. una plaza Mayor   – _____

4. ocho cines   – _____

5. un teatro   – _____

6. dos universidades   – _____

7. catorce escuelas   – _____

8. policías   – _____

b)   ¿Hay libros sobre la mesa? *Lápices*   – *No, sobre la mesa hay lápices.*

1. ¿Hay niños en la clase? *Profesores*   – _____

2. ¿Hay árboles en el jardín? *Bancos*   – _____

3. ¿Hay camareros en el hospital? *Médicos*   – _____

4. ¿Hay casas pequeñas en la ciudad?
   Edificios grandes   – _____

5. ¿Hay una cafetería en la universidad? *Un bar* – _____

6. ¿Hay profesoras en el hotel? *Camareros*   – _____

7. ¿Hay coches en la plaza? *Una fuente*   – _____

8. ¿Hay chicas en la casa? *Chicos*   – _____

2. Completa con *es, son, está, están*.

1. ¿_____ la ciudad de Madrid en España?   5. Los pilotos _____ en el aeropuerto.

2. La escuela _____ moderna.   6. _____ un edificio muy alto.

3. Las chicas _____ muy guapas.   7. _____ amigos de la profesora.

4. La iglesia _____ en el centro de la ciudad.   8. ¿_____ enfermera?

Fíjate bien

1. Escucha y aprende.

20 veinte	25 veinticinco	30 treinta
21 veintiuno	26 veintiséis	40 cuarenta
22 veintidós	27 veintisiete	50 cincuenta
23 veintitrés	28 veintiocho	
24 veinticuatro	29 veintinueve	

2. Escribe el resultado de estas sumas.

1. 5 + 3   = _____

2. 11 + 8 = _____

3. 1 + 15 = _____

4. 21 + 12 = _____

5. 9 + 18 = _____

6. 7 + 6   = _____

7. 13 + 16 = _____

8. 17 + 6 = _____

Este, esta: cerca del hablante.	**Aquel, aquella:** lejos del hablante.

Este mono es listo.

Aquel león es grande.

3. Responde a estas preguntas, según el modelo.

¿Cómo es aquella enfermera? *Simpática.*   – *Aquella enfermera es simpática.*

1. ¿Cómo son estos estudiantes? *Simpáticos* – _____

2. ¿Cómo es este edificio? *Moderno*   – _____

3. ¿Cómo son aquellas casas? *Nuevas*   – _____

4. ¿Cómo es este señor? *Alto*   – _____

5. ¿Cómo es aquel árbol? *Grande*   – _____

6. ¿Cómo es este coche? *Caro*   – _____

7. ¿Cómo es aquella escuela? *Antigua*   – _____

8. ¿Cómo son estos niños? *Inteligentes*   – _____

Para hablar

1. Describe la situación de las cosas y personas en este dibujo.

Hay dos jirafas a la derecha _____

_____

_____

_____

La pronunciación de la C

c + e, i = [θ]: _cine, hace_   c + a, o, u = [k]: _casa, coche, escuela_

10

2. Escucha y repite.

Tónica, casa, escuela, cine, camarero, completa, trece, médico, caviar, quince, policía.	En la ciudad hay muchos policías. La pronunciación es difícil. El coche es grande.

PISTA 11

1. Escucha esta conversación.

Isabel y Enrique: ¡Hola! Somos amigos de Pedro. ¿Está en casa?
Teresa: Sí, está en casa, pero no está bien.
Enrique: ¿Está en la cama?
Teresa: Sí, está muy resfriado.

Isabel: ¡Pedro! ¿Cómo estás?
Pedro: No muy bien. Estoy resfriado. ¿Y vosotros?
Isabel: Nosotros bien. ¡Qué mala suerte!
Enrique: Pero el profesor también está enfermo y hoy no hay clase.

Isabel: Esta habitación es muy bonita.
Pedro: Sí, es agradable. Estoy aquí muchas horas al día.

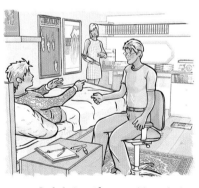

Isabel: Eres un chico muy ordenado.
Pedro: No, no. Soy bastante desordenado. Mira, esa mesa está llena de libros y revistas.
Enrique: ¿Son libros interesantes?

Isabel: Aquí hay un libro de literatura. ¡Y aquella es una revista de moda!
Pedro: Es una revista de Clara, mi compañera de piso.
Isabel: ¿Y está Clara en casa?
Pedro: No, ahora estoy solo. Clara trabaja.

PISTA 11

2. Escucha de nuevo y repite.

3. Lee el diálogo y responde.

a) ¿Está Pedro en casa?

b) ¿Quién está enfermo?

c) ¿Cómo es la habitación de Pedro?

d) ¿Qué hay sobre la mesa?

e) ¿Quién es Clara?

Estudia y practica

–¿Cómo **estás**, Pablo?
–Pues no **estoy** bien. Realmente **estoy** mal.

–¿**Estáis** todas bien?
–No, **estamos** muy cansadas.

(yo)	estoy	*bien*
(tú)	estás	*resfriado / resfriada*
(él, ella, usted)	está	
(nosotros, nosotras)	estamos	*bien*
(vosotros, vosotras)	estáis	*resfriados / resfriadas*
(ellos, ellas, ustedes)	están	

1. Completa según el modelo.

¿Cómo está Enrique?   *– Enrique está bien.*

1. ¿Cómo está Isabel?   – _____
2. ¿Cómo están tus amigos?   – _____
3. ¿Cómo estáis vosotros?   – _____
4. ¿Cómo estás hoy?   – _____
5. ¿Cómo están Marta y Pilar?   – _____
6. ¿Cómo está Clara?   – _____
7. ¿Cómo están las niñas?   – _____
8. ¿Cómo está ella?   – _____

2. En parejas: hablad usando alguna de estas palabras, según el modelo.

bien	enfermo/a	mal	cansado/a	resfriado/a

▶ ¿Cómo estás hoy (*María*)?

⇨ *Hoy no estoy bien. Estoy cansado/a.*

○ *Estoy bien, gracias.*

Amplía tu vocabulario

Ser: indica cualidad.	**Estar:** indica estado o situación.

El camarero **es** rápido.

La plaza **es** grande.

La habitación **es** cómoda.

El taxista **está** enfadado.

El taxista **es** amable.

El niño **es** listo.

La sala **está** llena.

La niña **está** aburrida.

El bar **está** limpio.

La clase **está** sucia.

1. Mira los dibujos y responde.

¿Quién / Qué está...?	¿Cómo es...?
1. limpio: _____	1. el taxista: _____
2. llena: _____	2. la habitación: _____
3. aburrida: _____	3. el niño: _____
4. enfadado: _____	4. la plaza: _____

Anímate y habla

1. Haz preguntas según el modelo.

el taxista — ¿Cómo está el taxista?

1. el médico — _____
2. los alumnos — _____
3. Pedro — _____
4. Isabel — _____
5. las amigas — _____
6. la profesora — _____
7. Pilar — _____
8. los camareros — _____

2. Haz frases con palabras de cada columna y la forma correspondiente de *ser* o *estar*.

La puerta		inteligentes
El camarero		alto
La universidad		grande
Los edificios	es	agradable
Pedro	sois	altas
Vosotras	son	sucias
Juan y Pedro		cómoda
El jardín	está	nuevos
La plaza	estáis	antigua
La habitación	están	enfadado
Las mesas		limpia
Ellos		resfriados
La clase		grande

➡ La mesa está sucia.   • *Las mesas están sucias.*
➡ El edificio es alto.   • *Los edificios son altos.*

3. Asigna un adjetivo a cada nombre.

un coche   nueva
la radio   antiguas
lámparas   nuevo
una estatua   moderna
los jardines   limpia
unos árboles   cómodos
el sofá   altos
una alfombra   grandes
bancos   cara
la silla   cómodo

Estudia y practica

Klaus _____ alemán / Alemania.

Klaus es alemán y está en Alemania.

Maiko y Junichi _____ japoneses / Japón.

– _____

Liu _____ en China / chino.

– _____

La profesora _____ en clase / inteligente.

– _____

La alfombra _____ nueva / limpia.

– _____

Los cuadros _____ interesantes / de moda.

– _____

Las ventanas _____ cerradas / grandes.

– _____

El sofá _____ cómodo / en el centro.

– _____

Los estudiantes _____ amables / en clase.

– _____

Las mesas _____ redondas / sucias.

– _____

Observa y practica

este / esta estas / estos	ese / esa	aquel / aquella
	esas / esos	aquellas / aquellos

Este *coche es nuevo.*   **Ese** *coche no es nuevo.*   **Aquel** *coche está usado.*

1. Haz frases según el modelo.

> ➡ Estas sillas son cómodas. (aquellas)   • *Aquellas sillas también son cómodas.*

1. Estas ventanas están cerradas. (*esa*) – _____
2. Estos bancos son nuevos. (*aquel*) – _____
3. Esta plaza es grande. (*esa*) – _____
4. Esta niña está enfadada. (*aquella*) – _____
5. Estas alfombras están sucias. (*esa*) – _____
6. Estas habitaciones están desordenadas. (*aquella*) – _____
7. Estos médicos están cansados. (*aquellos*) – _____
8. Estos policías son altos. (*ese*) – _____

2. Completa las terminaciones de los adjetivos.

1. ¿Es antigu____ aquell____ casa?
2. Los jardines delante de la universidad son pequeñ____
3. Aquel señor es simpátic____
4. ¿Es redond____ es____ mesa?
5. La cafetería de la universidad es modern____
6. Est____ profesoras son muy guap____
7. Est____ coches son rápid____ y car____
8. Es____ chic____ son simpátic____

1. Cuenta las cosas de esta habitación y di dónde están.

En esta habitación hay ocho pelotas _____

_____

Y están (debajo de / sobre...) _____

_____

Observa las diferencias en el tratamiento de cortesía

Uso de *don / doña* y *señor / señora*:

a) *Don / Doña* se usan sólo delante de nombres propios:

Don Luis. Doña Laura.

b) *Señor / Señora* se usan delante de nombres y apellidos, pero con el artículo delante:

El señor Sánchez no está en casa.
La señora Isabel es muy guapa.

Para hablar

1. Escribe el diálogo entre estas personas.

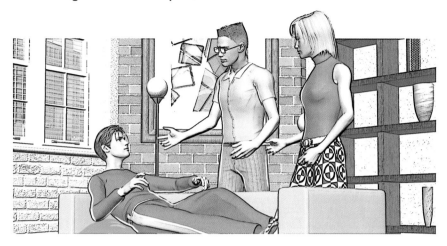

A. _____

B. _____

A. _____

B. _____

A. _____

B. _____

La ñ

En español hay una letra muy especial: la **ñ**.

La **ñ** se pronuncia poniendo la parte superior de la lengua contra el paladar superior.

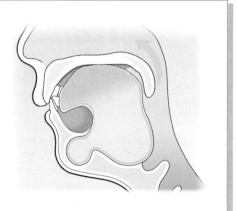

12

2. Escucha y repite.

niño, pequeño, mañana, año, niñez, otoño, soñar, sueño.	La señorita llega tarde. En España hay muchas viñas. El español no es muy difícil. El señor de la casa es rico.

PISTA 13

1. Escucha esta conversación.

Enrique: Buenas tardes. Soy Enrique y necesito trabajo.
Empleado: Muy bien, Enrique. ¿Cuáles son sus apellidos?
Enrique: Gómez Santana. Enrique Gómez Santana.
Empleado: ¿Edad?
Enrique: Veintiún años.

Empleado: ¿Es usted de Madrid?
Enrique: No, soy de Toledo, pero estudio en Madrid.
Empleado: Y no tiene usted trabajo, ¿verdad?
Enrique: No, no trabajo.

Empleado: Y usted también estudia.
Enrique: Sí, estudio Económicas en la universidad. Pero necesito
    trabajar para pagar los estudios.

Empleado: ¿Habla usted algún idioma?
Enrique: Sí, hablo un poco de inglés y también de francés.
Empleado: Estupendo. Hablar inglés ayuda a encontrar trabajo.

Empleado: Esta empresa necesita un contable. ¿Le interesa?
Enrique: ¿Cuál es el horario de trabajo?
Empleado: Media jornada, por las tardes.
Enrique: ¿Y dónde está la empresa?
Empleado: En el centro de Madrid. Y pagan bien.
Enrique: Entonces me interesa ese trabajo.

PISTA 13

2. Escucha de nuevo y repite.

3. Lee el diálogo y responde.

a) ¿De dónde es Enrique?

b) ¿Qué necesita la empresa?

c) ¿Qué busca Enrique?

d) ¿Dónde está situada la empresa?

e) ¿Qué estudia Enrique y dónde?

Estudia y practica

Verbos en –ar: presente de indicativo.

(yo)	estudio	-o
(tú)	estudias	-as
(él, ella, usted)	estudia	-a
(nosotros, nosotras)	estudiamos	-amos
(vosotros, vosotras)	estudiáis	-áis
(ellos, ellas, ustedes)	estudian	-an

1. Relaciona cada pronombre con la forma verbal que corresponde.

Tú	trabajan
Ella	necesita
Nosotros	hablo
Vosotras	trabajamos
Yo	habláis
Ellos	necesitas
Vosotros	habla
Él	trabajáis
Nosotras	necesitamos

2. Responde según el modelo.

➡ ¿Hablas inglés? *francés* • *No, no hablo inglés, hablo francés.*

1. ¿Hablas italiano? *español* – _____

2. ¿Habláis francés? *inglés* – _____

3. ¿Hablan alemán? *español* – _____

4. ¿Hablas chino? *japonés* – _____

5. ¿Hablamos coreano? *chino* – _____

6. ¿Habláis español? *italiano* – _____

7. ¿Habla ruso? *francés* – _____

8. ¿Hablan japonés? *chino* – _____

En España se usan dos apellidos: Enrique *Sánchez Santana*					
Nombres			**Apellidos**		
Luis	Ana	José	Sánchez	González	Martínez
Clara	Isabel	Antonio	Márquez	García	Ibáñez
Julio	Laura	Carmen	Fernández	Serrano	Bernal
Pilar	Pascual	Elisa	Rodríguez	Domínguez	Guardia
Fermín	María	Almudena	Rubio	Pérez	Monroy
			Cantos	Aguado	Bernárdez

3. En grupos: Hablad según el modelo, usando nombres y apellidos del recuadro anterior.

–Buenas tardes. Soy …(*Enrique*).

–*¿Y cuáles son tus apellidos?*

–…*Sánchez Rubio.* Enrique *Sánchez Rubio.*

Amplía tu vocabulario

1. ¿Qué hacen?

David **canta** una canción de moda.

Ana **toca** el piano.

Por la tarde **paseamos** por el parque.

Los niños **entran** en clase.

La policía **busca** al ladrón.

La señora **espera** el autobús.

¿No **usáis** el paraguas?

Isabel **lleva** un abrigo de piel.

Luis **acaba** el vaso de leche.

Rafael **compra** una camisa blanca.

2. Mira los dibujos y responde.

¿Qué hace...?	¿Qué hacen / llevan...?
1. Ana	1. los niños
2. Luis	2. ellas
3. David	3. nosotros
4. Rafael	
5. la policía	

42

Anímate y habla

1. Haz preguntas según el modelo.

➡ Madrid / Toledo ¿Es usted / Eres de… Madrid?   • *No, soy de… Toledo.*

1. China / Corea
2. Alemania / Inglaterra
3. Japón / China
4. Madrid / Buenos Aires
5. México / São Paulo

6. Egipto / Turquía
7. Estados Unidos / Canadá
8. Londres / Berlín
9. Tokio / Seúl
10. España / Italia

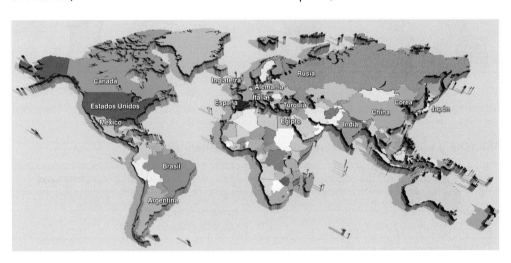

2. En parejas.

➡ *China / chino*   ¿Qué idioma hablan en China?   • *En China hablan chino.*

España	español
China	chino
Japón	japonés
Inglaterra	inglés
Alemania	alemán
Francia	francés
Portugal	portugués
Brasil	brasileño (portugués)
Italia	italiano
Rusia	ruso
Corea	coreano

Observa

Juan es español / Ellos son españoles

Pierre es francés / Ellos son franceses

María es española / Ellas son españolas

Brigitte es francesa / Ellas son francesas

Número y género de palabras acabadas en consonante.

Juan es español / Ellos son españoles Pierre es francés / Ellos son franceses	María es española / Ellas son españolas Brigitte es francesa / Ellas son francesas
El español es fácil Los problemas son fáciles	La lección es fácil Las lecciones son fáciles
Carla es italiana / Ellas son italianas Luigi es italiano / Ellos son italianos	

El español es fácil.

Los problemas son fáciles.

La canción es fácil.

Las matemáticas son fáciles.

Practica

1. Haz frases en plural.

1. Este estudiante es italiano.   – *Estos estudiantes* _____
2. La niña es china.   – _____
3. Aquel señor es japonés.   – _____
4. El médico es argentino.   – _____
5. Esta alfombra está limpia.   – _____
6. Esta suma es fácil.   – _____
7. El profesor es español.   – _____
8. El camarero es amable.   – _____

2. En grupos o en parejas: preguntad y responded según el modelo.

a) ¿Eres de España?
b) *Sí, soy español.*
c) Entonces, ¿hablas español?
d) *Sí, hablo español.*

China

Argentina

Estados Unidos

Rusia

Japón

Corea

Francia

Alemania

Italia

Portugal

3. Completa con las terminaciones adecuadas.

1. Soy de Salamanca, pero estudi___ en Sevilla.
2. Som___ de Murcia, pero est___ en Alicante.
3. ¿Son ustedes español___ o chin___?
4. Yo soy coreano y no habl___ bien español.
5. ¿Cómo te llam___?
6. Pierre y François trabaj___ en París.
7. Ellas no trabaj___ aquí.
8. ¿De dónde er___, Carla?

1. Haz frases con palabras de cada columna, como en el ejemplo.

> *(Yo) busco un profesor de español.*

Dimitri	canta una canción moderna
Mi amigo Pedro	trabajan mucho
Aquella estudiante	entran en clase
Este señor	paseamos por el parque
Nosotras	lleva gafas
Mi amiga y yo	busco piso
La profesora	entran en clase
Un joven chino	habla japonés
Yo	espero a unos amigos
Ellas	compran un coche
Tú	pintas un cuadro
Enrique y Maiko	pregunta por una calle

2. Haz preguntas.

> desear   –¿Qué deseas? / –¿Qué desea usted?

1. comprar	3. hablar	5. llevar	7. preguntar
2. pintar	4. esperar	6. cantar	8. buscar

PISTA 14

3. Escucha y repite.

50 cincuenta	80 ochenta	110 ciento diez	75 setenta y cinco
60 sesenta	90 noventa	94 noventa y cuatro	86 ochenta y seis
70 setenta	100 cien	62 sesenta y dos	97 noventa y siete

4. Completa estas sumas.

55 + 5 = _____   58 + 33 = _____   67 + 8 = _____   36 + 18 = _____

14 + 15 = _____   79 + 11 = _____   76 + 7 = _____   24 + 52 = _____

43 + 1 = _____   47 + 24 = _____   83 + 2 = _____   14 + 83 = _____

Observa

En España se usan dos apellidos: por lo general, el primero es el del padre y el segundo el de la madre.

Juan Sánchez *(padre)*   Elena Santana *(madre)*

Enrique Sánchez Santana (hijo)

Para hablar

1. Buscando trabajo: escribe un diálogo para cada situación.

A. _____

B. _____

A. _____

B. _____

A. _____

B. _____

A. _____

B. _____

La B y la V

En español hay palabras que se escriben con **b** y muchas que se escriben con **v**. La pronunciación de ambas letras es igual en todas las posiciones:

Vaso, trabajo, viene, habla, bueno.

---

2. Escucha y repite.

Abajo, trabaja, vienen, abuelo, nuevas, buena, ventana, bar, vosotros, viejo, barato.	La televisión es buena. El vino es barato. El caviar es caro. ¿Vienes a mi casa? En la ciudad hay muchos policías. La pronunciación es difícil. El coche es grande.

REVISIÓN Y EVALUACIÓN. UNIDADES 1-5

(Total de puntos: 70)

PISTA 5

A) Comprensión oral.

Escucha y anota V (verdadero) o F (falso). (15 puntos)
(Para realizar este ejercicio, escucha la pista 5)

	V	F
a) Francesco toma un café.		
b) Akira es estudiante de español.		
c) Sara es japonesa.		
d) El camarero es simpático.		
e) John es italiano.		

B) Comprensión escrita.

1. Relaciona las frases de cada columna. (10 puntos)

1. ¿Cómo te llamas?	a) No, Clara trabaja.
2. ¿Quién eres?	b) No, soy de Toledo.
3. ¡Hola! Yo soy Kevin.	c) No muy bien. Estoy resfriado.
4. ¿De dónde sois?	d) Somos japoneses.
5. Tú eres chino, ¿verdad?	e) Sí, soy chino.
6. ¿Dónde está la universidad?	f) Media jornada, por las tardes.
7. Pedro, ¿cómo estás?	g) Me llamo Isabel.
8. ¿Está Clara en casa?	h) Soy Carlos.
9. ¿Es usted de Madrid?	i) Mucho gusto.
10. ¿Cuál es el horario de trabajo?	j) Está en la plaza de la Ciencia.

2. Pon el texto con el dibujo que le corresponde. (5 puntos)

1. Mira, esta es mi amiga Tana.
2. Es el nuevo profesor de español de la escuela.
3. Aquel edificio grande y antiguo es la universidad.
4. –¡Hola, Francesco! Yo soy Akira.
   –Mucho gusto, Akira.
5. –Hola, mi nombre es Carlo.

C) Expresión escrita.

1. Escribe una respuesta a estas preguntas. (5 puntos)

1. ¿Dónde estás ahora? _____
2. ¿Cómo te llamas? _____
3. ¿De dónde es tu profesor/a? _____
4. ¿Es grande tu casa? _____
5. ¿Estudias también inglés? _____
6. ¿Es tu casa un edificio nuevo? _____
7. ¿Eres ruso/a? _____
8. Tres más uno, más cuatro, menos dos = _____
9. ¿Trabajas y estudias? _____
10. ¿Está desordenada tu habitación? _____

2. Escribe una frase para cada dibujo. (10 puntos)

_____
_____

_____
_____

_____
_____

_____
_____

_____
_____

_____
_____

_____
_____

_____
_____

_____
_____

_____
_____

D) Gramática y vocabulario.

1. Escribe el género contrario (masculino o femenino) de las siguientes palabras. (5 puntos)

amigo   – _____   japonesa   – _____

francesa   – _____   profesor   – _____

ruso   – _____   aquel   – _____

china   – _____   fácil   – _____

inglés   – _____   este   – _____

Revisión y evaluación

2. Completa con la preposición, artículo o forma contracta adecuados. (8 puntos)

1. _____ libro está _____ mesa.

2. Ésta es _____ plaza _____ _____ ciudad.

3. Hablo _____ poco _____ inglés y _____ francés.

4. Estoy en _____ centro _____ _____ ciudad.

5. _____ mesa es nueva.

6. _____ jardín _____ _____ plaza es bonito.

7. _____ _____ parque hay _____ árbol.

8. _____ universidad está cerca _____ _____ plaza.

3. Completa estas frases con el verbo *ser* (4 puntos)

1. Sara _____ italiana.

2. Akira y Liu _____ estudiantes de español.

3. John y Kevin _____ americanos.

4. El camarero del bar _____ español.

5. Nosotros _____ japoneses.

6. Sara y Maiko _____ estudiantes de la escuela.

7. ¿_____ vosotras también alemanas?

8. Yo _____ un estudiante de español.

4. Escoge un adjetivo para cada nombre. (8 puntos)

lámparas	agradables
una estatua	grande
los jardines	altos
unos árboles	simpática
el sofá	cara
una alfombra	cómodo
edificios	modernas
compañera	antiguos

PISTA 16

1. Escucha esta conversación.

Isabel: ¿Qué día es hoy, Pascual?
Pascual: Jueves. Hoy es jueves. ¿Por qué preguntas?
Isabel: Hoy es jueves, día 22.
Pascual: Sí, claro, ¿y qué?
Isabel: Pues el jueves...

Pascual: El miércoles estudio, el jueves estudio, el viernes estudio…
Isabel: Pero el jueves, día 22 de mayo hay un concierto.
Pascual: ¡Ah, sí, el concierto!
Isabel: El concierto de David Bisbal...

Pascual: Pero el jueves hay también un partido de fútbol.
Isabel: Hay muchos partidos de fútbol durante el año.

Pascual: Y David Bisbal canta también muchas veces.
Isabel : Pero en Valencia sólo canta el día 22.
Pascual: ¿Y tú no trabajas el jueves por la tarde?
Isabel: Sí, pero este jueves tengo libre, no trabajo.

Isabel: Pascual, ¿David Bisbal o fútbol?
Pascual: Las dos cosas.
Isabel: Las dos cosas no son posibles. ¿Lo echamos a suertes?
Pascual: Bien, la suerte está de mi lado. ¿Qué número prefieres?
Isabel: El 5.
Pascual: Pues no tengo suerte. Es el 5. No hay fútbol.

PISTA 16
2. Escucha de nuevo y repite.

3. Lee el diálogo y responde.

a) ¿Qué día es el 22?

b) ¿Quién canta el día 22?

c) ¿Qué quiere hacer Isabel el jueves?

d) ¿Qué prefiere Pascual, el concierto o el fútbol?

e) ¿Cómo solucionan el problema Isabel y Pascual?

Amplía tu vocabulario

Los días de la semana

El **lunes** escucho música.

El **martes** llega pronto a casa.

El **miércoles** toca el piano.

El **jueves** pasean por el parque.

El **viernes** compro en el supermercado.

El **sábado** toma café con las amigas.

El **domingo** descansamos en casa

1. Mira los dibujos y responde.

¿Cuándo...

1. ...compro en el supermercado?
2. ...escucho música?
3. ...llega pronto a casa?
4. ...pasean por el parque?
5. ...toma café con las amigas?
6. ...toca el piano?
7. ...descansamos en casa?

Amplía tu vocabulario

> ➡ ¿Trabajas el lunes? • No, el lunes no trabajo. El lunes descanso.

1. Responde según el modelo.

> ➡ ¿Estudias el martes? *pasear* • No, el martes no estudio. El martes paseo.

1. ¿Trabajas el domingo?   *descansar* _____
2. ¿Pintas el sábado?   *pasear* _____
3. ¿Compras en el supermercado el miércoles? *comprar en la tienda* _____
4. ¿Hablas español el martes?   *hablar inglés* _____
5. ¿Esperas el autobús el jueves?   *esperar un taxi* _____
6. ¿Llevas un abrigo el domingo?   *llevar una chaqueta* _____
7. ¿Compras una camisa el miércoles?   *comprar un abrigo* _____
8. ¿Tocas el piano el lunes?   *tocar la guitarra* _____

2. Transforma cada frase en pregunta.

> ➡ **Luis habla español y alemán.** • *¿Habla Luis español y alemán?*

1. Isabel y María hablan francés.   – ¿ _____ ?
2. Enrique estudia matemáticas.   – ¿ _____ ?
3. Klaus viaja a España el lunes.   – ¿ _____ ?
4. Los amigos de Virginia son amables.   – ¿ _____ ?
5. Los niños llegan pronto a casa.   – ¿ _____ ?
6. María visita a un enfermo.   – ¿ _____ ?
7. Los padres compran en el supermercado. – ¿ _____ ?
8. La policía busca al ladrón.   – ¿ _____ ?

3. Escribe los días de la semana en este calendario del mes de febrero.

Febrero						2007
___	___	___	___	___	___	___
			1	2	3	**4**
5	6	7	8	9	10	**11**
12	13	14	15	16	17	**18**
19	20	21	22	23	24	**25**
26	27	28				

Anímate y habla

1. En parejas. ¿Recordáis los números? Preguntad y responded.

> ➡ ¿Cuántos años tiene este (niño)...?   • Este (niño...) tiene...

Observa

1. En parejas: Preguntad y responded según este modelo.

➡ ¿Qué eres? • *Soy ingeniero.*
➡ ¿En qué trabajas? • *Trabajo de ingeniero.*

Profesiones:

Ingeniero, economista, periodista, actor, albañil, cantante, taxista, escritor, abogado, secretaria

actor/actriz

escritor

abogada

periodista

economista

ingeniero

cantante

secretaria

albañil

taxista

Observa y practica

Algunas palabras de profesiones son igual para el masculino y para el femenino:
Taxista, economista, periodista, piloto....

Otras no: *actor, actriz, enfermera, enfermero, abogado, abogada, secretaria, secretario, profesor, profesora, azafata...*

1. Completa cada frase con una palabra del recuadro.

economista, periodista, actriz, cantante, taxista, escritora, abogado, secretaria, profesora, enfermera.

1. Antonio es ....
2. Carmen trabaja como ....
3. Aquel señor es ....
4. La amiga de Laura es ....
5. Enrique trabaja de ....

6. Esta señora es ....
7. Es española y trabaja de ....
8. Ana trabaja de .... en el hospital.
9. Luis es ....
10. ¿Es .... en la universidad?

2. En grupos o en parejas: preguntad y responded según el modelo.

➡ ¿Eres periodista?   • *Sí, soy periodista.*

actriz   cantante   albañil   profesor   ingeniero   abogado
azafata   enfermero   periodista   médico   secretaria   fotógrafo

3. Haz frases según el modelo.

➡ ¿Eres periodista?   • *No, no soy periodista.*

1. ¿Eres actriz?   – _____.
2. ¿Es Carmen enfermera?   – _____.
3. ¿Es Guadalupe secretaria? – _____.
4. ¿Eres taxista?   – _____.
5. ¿Eres abogada?   – _____.
6. ¿Es Jaime ingeniero?   – _____.
7. ¿Es Luisa azafata?   – _____.
8. ¿Eres escritora?   – _____.

Practica

1. Haz frases con palabras de cada columna.

> **Ejemplo:** *Dimitri es fotógrafo*

Dimitri	pasean por la ciudad
Mi amigo Pedro	es taxista
Este señor	son estudiantes de español
Aquellos señores	tiene 35 años
Nosotras	trabajo de albañil
Mi amiga y yo	tiene seis años
La profesora	es fotógrafo
Yo	trabajan como azafatas
Ellas	eres alemán
Tú	somos enfermeras
Enrique y Maiko	somos abogadas

2. Haz preguntas según el modelo.

> ➡ Klaus es economista.　　• ¿Qué es Klaus?

1. María es actriz. – _____
2. Antonio es abogado. – _____
3. Usted es ingeniero. – _____
4. Raquel y Ana son secretarias. – _____
5. Mi amiga Teresa es azafata. – _____
6. Ellas son cantantes. – _____
7. Nosotros somos estudiantes. – _____
8. José y Juan son actores. – _____

Observa las diferencias

En español los números de teléfono se leen así:
1.º: prefijo del país (si lo hay) y de la ciudad.
2.º: número, leído de dos en dos cifras:
　　968-344574 = *nueve seis ocho; treinta y cuatro, cuarenta y cinco, setenta y cuatro.*

---

3. Escucha y lee estos números de teléfono.

00 34 96 5220234	00 34 923 459827	93 3494628	945 348912
00 34 91 3824901	00 34 973 777002	958 348510	977 750261

Para hablar

La «c + e / i» en el español estándar y en Hispanoamérica y algunas regiones de España

La **c + e / i** se pronuncia en el español estándar de España como [θ]: *hacer* /haθér/.

Pero en algunas regiones de España y en Hispanoamérica, **c + e / i** se pronuncia como /s/.

1. Escucha.

a) En español estándar:

Hacer, encima, cien, catorce, quince, edificio, ciudad, izquierda, la plaza de la ciencia.

b) en Hispanoamérica:

Hacer, encima, cien, catorce, quince, edificio, ciudad, izquierda, la plaza de la ciencia.

 Unidad 7

¿QUÉ HACES HOY?

PISTA 19

1. Escucha esta conversación.

Pedro: ¿Qué haces hoy, Marta?
Marta: Nada especial. Estoy sola. Mis padres están de viaje.
Pedro: Entonces ¿comemos juntos?
Marta: Es una buena idea. ¿A qué hora nos vemos?
Pedro: A las dos en punto. En el restaurante «La Cazuela».

Pedro: ¡Hola, Marta! Son exactamente las dos. Eres puntual.
Marta: Sí. Y ya tengo mucha hambre. ¿Qué tal es el restaurante?
Pedro: Está bien. Y tienen un menú bueno y barato.

Pedro: ¿Qué tomas? Hay dos menús.
Marta: Yo tomo el menú número 1. De primero ensalada. Y luego
un filete de ternera con patatas.

Pedro: Hoy es miércoles. Y todos los miércoles hacen paella. Yo
tomo paella.
Marta: ¿Y de segundo? Tienen pescado y carne.
Pedro: Pues yo de segundo tomo pescado.

Pedro: ¿Qué tomamos para beber? ¿Te apetece vino, cerveza o agua?
Marta: Me apetece un poco de vino con la carne. Y agua.
Pedro: Yo también. ¿Y de postre? ¿Fruta o helado?
Marta: Yo, fruta. Es muy buena para la salud.
Pedro: Estupendo. Llamamos al camarero. ¡Camarero, por favor!

PISTA 19

2. Escucha de nuevo y repite.

3. Lee el diálogo y responde.

a) ¿Qué menú toma Marta?

b) ¿A qué hora se ven Marta y Pedro para comer?

c) ¿Qué menú hacen los miércoles en el restaurante?

d) ¿Qué toma Pedro para beber?

e) ¿Qué toma Marta de postre?

Verbos en –er: presente de indicativo

beber, comer, ver, hacer

a) verbos regulares.

(yo)	com-o	-o
(tú)	com-es	-es
(él, ella)	com-e	-e
(nosotros, nosotras)	com-emos	-emos
(vosotros, vosotras)	com-éis	-éis
(ellos, ellas)	com-en	-en

b) verbos irregulares.

	hacer	ver
(yo)	ha-g-o	v-e-o
(tú)	hac-es	v-es
(él, ella)	hac-e	v-e
(nosotros, nosotras)	hac-emos	v-emos
(vosotros, vosotras)	hac-éis	v-eis
(ellos, ellas)	hac-en	v-en

1. Relaciona cada pronombre con la forma verbal que le corresponde.

tú	veis
ella	hago
nosotros	come
vosotras	ves
yo	coméis
ellos	hacemos
nosotros	haces
vosotros	ve
él	vemos
tú	comen
vosotras	comemos
nosotras	hacéis

2. Completa con la forma adecuada de «comer».

1. Los lunes Pedro _____ paella.

2. (yo) siempre _____ en este restaurante.

3. Marta _____ en este restaurante todos los lunes.

4. ¿_____ Pedro y Marta en casa?

5. Los amigos de Isabel no _____ en casa, _____ en el restaurante.

6. Vosotros _____ en casa de María, pero yo _____ en casa de Juan.

7. ¿Dónde _____ (vosotros) el domingo?

Amplía tu vocabulario

1. ¿Qué hacen?

Estas señoras **venden** naranjas en el mercado.

El niño no **comprende** el problema.

David **lee** un libro.

Las niñas **aprenden** pronto la lección.

Juan **debe** cien euros en la tienda.

Nunca **respondo** al teléfono.

Hacen los deberes en casa.

Corren en el maratón de Nueva York.

Hago gimnasia todos los días.

¿**Bebéis** cerveza en las comidas?

2. Mira los dibujos y responde.

> ¿Qué hace/hacen...?

1. corren en el maratón?
2. lee un libro?
3. debe cien euros?
4. responde al teléfono?
5. haces gimnasia?
6. bebéis cerveza?
7. venden naranjas?
8. comprende el problema?

Anímate y habla

1. ¿Qué hacen?

Parque

Televisión

Teléfono

Libros

Agua

Deberes

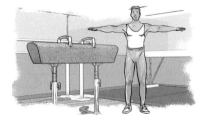

Gimnasia

Corbatas

Paella

Obra de teatro

Observa

tener: *(yo) tengo*	querer: *(yo) quiero*

Tengo un juguete

Yo quiero ese juguete

	TENER	QUERER
(yo) (tú) (él, ella)	ten-g-o tien-es tien-e	quier-o quier-es quier-e
(nosotros, nosotras) (vosotros, vosotras) (ellos, ellas)	ten-emos ten-éis tien-en	quer-emos quer-éis quier-en

1. Responde según el modelo.

> ➡ *¿Tienes un coche?* • *Sí, tengo un coche*

1. ¿Tenéis un abrigo? – _____
2. ¿Tienen libros en casa? – _____
3. ¿Tiene Marta una maleta? – _____
4. ¿Tienes el menú del día? – _____
5. ¿Tenemos un parque cerca de casa? – _____
6. ¿Tienes un jardín detrás de tu casa? – _____
7. ¿Tenéis cuadros en la habitación? – _____
8. ¿Tienes un vaso de agua? – _____

2. Haz preguntas.

1. De primero quiero paella. – *¿Quieres paella de primero?*
2. De segundo quieren pescado. – _____
3. De postre queremos fruta. – _____
4. Quiere ver la televisión. – _____
5. Queremos ver esta obra de teatro. – _____
6. Quiero ver a mi amiga. – _____
7. Quieren hacer los deberes. – _____
8. Quiero hacer gimnasia. – _____

Practica

1. Haz frases en plural.

1. El niño hace gimnasia.
   – *Los niños hacen* _____
2. Vendo manzanas en la tienda.
   – _____
3. Aprende español.
   – _____
4. Hago los deberes todos los días.
   – _____
5. Los sábados quiere tomar cerveza en la comida. – _____
6. Tienes un gato en casa.
   – _____
7. No responde al teléfono.
   – _____
8. ¿Quieres agua?
   – _____

2. ¿Qué hora es?

➡ *Es la una*   • *Son las (dos, tres…)*

Son las dos

Son las cuatro
y media

Es la una
menos cuarto

Son las 20.30
(veinte y treinta)

Son las doce

Son las ocho y diez

Son las diez
menos veinte

Son las 15.00
(quince horas)

Es la una en punto

Son las tres y cuarto

Son las cinco
menos diez

Son las 16.45
(dieciséis y cuarenta
y cinco)

Practica

¿A qué hora (*empieza/es…*)?

Observa las diferencias

En España:

- Se suele comer a las dos de la tarde.
- Y se suele cenar alrededor de las 9 de la noche.

Para hablar

1. Escribe un diálogo para esta situación.

A. _____

B. _____

A. _____

B. _____

A. _____

B. _____

A. _____

B. _____

La «c + a/o/u» y la «k»:

La **«c»** seguida de **a/o/u** se pronuncia como la **«k»**:

Casa, cuna, cosa.

20

2. Escucha y repite.

Casa, comprender, pescado, carne, catorce, carrera, correr, cuadro, periódico, camisa, corbata.

Kilómetro, kilo.

Tiene una casa en el campo.

No comprenden la película en español.

Corren diez kilómetros cada día.

¿DÓNDE VIVES?

PISTA 21

1. Escucha esta conversación.

(después de la película)
Pedro: ¿Dónde está tu casa?
Marta: Vivo lejos de aquí, en la calle «El Pino».
Pedro: Yo tengo mi coche cerca. ¿Puedo llevarte a casa?
Marta: Eres muy amable. Gracias.

Marta: ¿Te va bien acompañarme a casa? Mi barrio está lejos.
Pedro: No importa, yo también vivo a las afueras.
Marta: Pero no vives en mi barrio, ¿verdad?
Pedro: No, mi piso no está en tu barrio, pero tampoco importa.

Marta: ¿Es esta tu dirección? ¿Plaza de la Constitución?
Pedro: No, es la dirección de mis padres. Yo escribo muchas cartas. Y a veces pongo la dirección de mis padres.
Marta: Pues yo escribo pocas cartas. Mis amigas son todas del barrio.

Pedro: Yo escribo y recibo muchas cartas. Me gusta escribir.
Marta: Yo prefiero hablar por teléfono. Es más rápido. Y me gusta oír la voz de mis amigas.
Pedro: Por cierto, Marta, ¿cuál es tu teléfono? ¿Puedo llamarte por teléfono?
Marta: Claro. Es el 674 957832. Es mi móvil.

PISTA 21

2. Escucha de nuevo y repite.

3. Lee el diálogo y responde.

    a) ¿Dónde vive Marta?

    b) ¿Vive Pedro en la Plaza de la Constitución?

    c) ¿Escribe Marta muchas o pocas cartas?

    d) ¿Qué prefiere hacer Marta con sus amigas y amigos?

    e) ¿Vive Pedro lejos de Marta?

Estudia y practica

Verbos en *-ir:* presente de indicativo

Vivir, escribir, recibir			
(yo) (tú) (él, ella)	viv-o viv-es viv-e	recib-o recib-es recib-e	-o -es -e
(nosotros, nosotras) (vosotros, vosotras) (ellos, ellas)	viv-imos viv-ís viv-en	recib-imos recib-ís recib-en	-imos -ís -en

1. Relaciona cada pronombre con la forma verbal que le corresponde.

tú	vivimos
ella	reciben
nosotros	recibimos
vosotras	vives
yo	recibís
ellos	viven
nosotros	recibe
vosotros	vivís
él	vive
tú	recibís
vosotras	vivo
ellas	recibes

2. Completa con la forma adecuada de «*vivir*».

1. Marta no _____ en el centro de la ciudad.

2. (yo) _____ en un barrio de las afueras.

3. ¿_____ Marta en casa de sus padres?

4. El profesor _____ cerca de la universidad.

5. Los amigos de Isabel _____ en el campo.

6. Vosotros _____ solos, ¿verdad?

7. ¿Dónde _____ los padres de Enrique?

8. Isabel, María y yo _____ en un piso pequeño.

Amplía tu vocabulario

1. ¿Qué hacen?

Los niños **suben** la escalera.

Pilar **abre** la ventana.

Los turistas **parten** para Cuba.

Somos mayores y **decidimos** solos.

Los Reyes Magos **reparten** juguetes a los niños.

¿Ya **cumplís** 25 años?

Pepe y Pablo **comparten** piso.

La madre **sufre** por sus hijos.

Añado azúcar al café.

Conduces muy deprisa.

2. Mira los dibujos y responde.

> ¿Quién / Quiénes...?

1. ...suben la escalera?
2. ...sufre por los hijos?
3. ...parten para Cuba?
4. ...cumple 25 años?

5. ...comparten piso?
6. ...conduce deprisa?
7. ...añade azúcar al café?
8. ...abre la ventana?

Anímate y habla

1. ¿Qué hacen?

Yo _____

Carla _____

Nosotros (vivir) _____

Las estudiantes _____

El señor García _____

Pablo _____

Papá Noel _____

David _____

Hoy _____ para _____

La señora Gómez _____

Observa y practica

	(poder) o >ue	(poner) -n-g-o	(tener) e > ie
(yo) (tú) (él, ella)	p-ue-d-o p-ue-d-es p-ue-d-e	pon-g-o pon-es pon-e	ten-g-o tien-es tien-e
(nosotros, nosotras) (vosotros, vosotras) (ellos, ellas)	pod-emos pod-éis p-ue-d-en	pon-emos pon-éis pon-en	ten-emos ten-éis tien-en

Verbos irregulares en -er: *poder, poner, tener*

1. Haz preguntas según el modelo.

➡ llevarte a casa   • *¿Puedo llevarte a casa?*

1. abrir la ventana   – _____

2. escribir una carta a Juan   – _____

3. llamar a Marta por teléfono   – _____

4. tomar helado de postre   – _____

5. vivir en este piso   – _____

6. saber dónde vives   – _____

7. leer este libro   – _____

8. tomar un vaso de agua   – _____

2. Completa con la forma adecuada de *poner, tener, poder*.

1. Ahora ya (*nosotros / poder*) _____ vivir en el campo.

2. Teresa (*tener*) _____ un coche nuevo.

3. En casa (*yo / tener*) _____ muchos libros.

4. Los niños (*poner*) _____ los juguetes en su habitación.

5. ¿(*poder / nosotros*) _____ tomar fruta de postre?

6. Ella entra y siempre (*poner*) _____ la revista sobre la mesa.

7. Profesor, no (*nosotros / tener*) _____ lápiz para escribir.

8. ¿(*tú / tener*) _____ agua para beber?

Observa y aprende

Mi casa	Mis libros
Tu casa	Tus libros
Su casa	Sus libros

Mi, tu, su y sus plurales se usan para expresar posesión (un solo poseedor).
Las formas no varían para el masculino o femenino, pero sí para el singular y el plural.

La familia:
   Abuelo, abuela, padre, madre, (papá, mamá), tío, tía, hermano, hermana, hijo, hija, marido, mujer, primo, prima.

Mi familia

Ricardo: mi abuelo   Ana: mi abuela

onia: mi madre/mi mamá   Felipe: mi padre/mi papá   José: mi tío   Amalia: mi tía

Luis: mi hermano   Carmen: mi hermana   Ricardo: mi primo   Ana: mi prima

DAVID

1. Responde según el modelo.

1. Tiene un coche nuevo.   *– Su coche es nuevo*
2. Tengo libros interesantes.   – _____
3. Tiene una casa muy alegre.   – _____
4. Tengo unos tíos muy amables.   – _____
5. Tienes un piso grande y agradable.   – _____
6. Mi padre tiene una corbata nueva.   – _____
7. Tienes un abuelo muy simpático.   – _____
8. Alberto tiene una hermana pequeña.   – _____

2. Responde.

➡ *¿Es tu ….. (casa)?*   • *Sí, esta es… /No, esta no es…*

3. Dilo en plural.

1. Mi lápiz es nuevo.   – _____
2. Su padre es alegre.   – _____
3. Tu amiga es muy simpática y amable.   – _____
4. Su habitación es grande.   – _____
5. Tu camisa es bonita.   – _____
6. Mi libro es interesante.   – _____
7. Mi hermana es muy inteligente.   – _____
8. Su radio está sobre el sofá.   – _____

Observa las diferencias

En España, las palabras **papá, mamá** se usan para referirse a los padres en el contexto familiar. En contextos normales o formales, se usan **padre, madre**.

En los distintos países de Hispanoamérica se suele decir **mi papá, mi mamá**.

Para hablar

1. ¿De quién es cada cosa?

→ *Es de mi / tu / su…*   • *Es mi / tu / su…*

Luis

Carmen y Ana

Abuelos

Padres

Tía

Hermana

Hermano

Marta y Pedro

Tío

Hija

Hijo

La «k» y la «q»

La «k» se pronuncia como la «q». Pero en español, la **q** siempre aparece en la secuencia **«qu» + e/i**:

Que, quien, aquí, Quijote.

Sólo algunas palabras se escriben con «k» o con «qu»: quilo/kilo, quilómetro/kilómetro.

2. Escucha y repite.

Quien, Quijote, quizá, quitar, querer, porqué, quince, busquen, izquierda, conquista, alquilar, máquina, quinientos, Paquito.

Los conquistadores españoles quieren descubrir el Pacífico.

1. Escucha esta conversación.

Enrique: Llaman a la puerta. ¿Esperas a alguien?
Carlos: Sí, espero a una amiga. Pero todavía es pronto.
Enrique: Pues, ¿quién puede ser? Voy a abrir la puerta. ¡Carlos!
     Es para ti. Es el cartero. Trae una carta urgente.
Carlos: Voy enseguida.

Carlos: ¡Por fin! Ya empiezo a tener suerte.
Enrique: Entonces son buenas noticias.
Carlos: Sí, salgo mañana para Madrid: tengo un nuevo trabajo.
Enrique: ¡Qué pena! Entonces pierdo a mi compañero de piso.
Carlos: No olvido nunca a los buenos amigos.

(en una agencia de viajes)

Carlos: ¿A qué hora salen los trenes para Madrid?
Empleado: Hay muchos trenes para Madrid. El primero a las siete de
     la mañana. El segundo a las nueve y media, el tercero a las
     doce. Y hay más por la tarde.
Carlos: ¿Y a qué hora llega a Madrid el tren de las doce?
Empleado: A las 16.45. Son casi cinco horas de viaje.

Carlos: Prefiero el tren de las 12. Así tengo tiempo
     para preparar la maleta.
Empleado: ¿Ida y vuelta? ¿O solo ida?
Carlos: Solo ida.
Empleado: ¿En turista o preferente?
Carlos: Turista.
Empleado: Son 56 euros.

Carlos. ¿Puedo pagar con tarjeta?
Empleado: Naturalmente.
Carlos: Aquí tiene.
Empleado: Firme aquí, por favor. Y... ¡Buen viaje!

2. Escucha de nuevo y repite.

3. Lee el diálogo y responde.

    a) ¿Quién llama a la puerta?
    b) ¿Cuántos trenes hay para Madrid?
    c) ¿Qué tren coge Carlos?

    d) ¿Qué tipo de billete compra Carlos?
    e) ¿Cómo paga Carlos su billete?

Estudia y practica

Empezar, perder: *e > ie*

(yo) (tú) (él, ella)	emp-**ie**-zo emp-**ie**-zas emp-**ie**-za	p-**ie**-rdo p-**ie**-rdes p-**ie**-rde
(nosotros, nosotras) (vosotros, vosotras) (ellos, ellas)	empezamos empezáis emp-ie-zan	perdemos perdéis p-ie-rden

Salir: *-l-g-o*

(yo) (tú) (él, ella)	**sal-g-o** sales sale
(nosotros, nosotras) (vosotros, vosotras) (ellos, ellas)	salimos salís salen

1. Relaciona cada pronombre con la forma verbal que le corresponde.

tú	*empezáis*
ella	*empezamos*
nosotros	*salís*
vosotras	*sales*
yo	*perdéis*
ellos	*pierden*
nosotros	*empieza*
vosotros	*perdemos*
él	*salgo*
tú	*salen*
vosotras	*empieza*
ellas	*pierdes*

2. Responde a estas preguntas.

1. ¿A qué hora sale el tren? *6 tarde*   – *El tren sale a las seis de la tarde.*

2. ¿Cuándo empieza la clase de español? *9 mañana*   – _____

3. ¿A qué hora salen de casa tus amigas? *8,30 mañana* – _____

4. ¿Cuándo preferís ver la película? *10 noche*   – _____

5. ¿A qué hora empieza el partido de fútbol? *7,15 tarde* – _____

6. ¿A qué hora prefieren visitar el museo? *14,00 horas* – _____

7. ¿Cuándo salen del trabajo? *7,45 de la tarde*   – _____

8. ¿A qué hora empezáis las clases? *10,20 mañana*   – _____

Amplía tu vocabulario

Primero

Siente el calor del sol.

Segundo

¿En qué **piensa** Isabel?

Tercero

Salgo del trabajo a las cinco.

Cuarto

Pongo el reloj sobre la mesa.

Quinto

Ana **viene** a ver a su amiga.

Sexto

¿**Niega** usted estos hechos?

Séptimo

Enrique **cierra** la puerta.

Octavo

Pilar **vuelve** a casa a las 10.

Noveno

¿A qué hora **empieza** la película?

Décimo

Laura **pierde** sus gafas en el parque.

2. Mira los dibujos y responde.

¿A qué se refiere el dibujo...?

Séptimo	_____	Octavo	_____
Cuarto	_____	Sexto	_____
Primero	_____	Tercero	_____
Quinto	_____	Segundo	_____
Décimo	_____	Noveno	_____

Anímate y habla

1. Di qué hace Juan y pon en orden sus acciones diarias.

1.º _____   6.º _____

2.º _____   7.º _____

3.º _____   8.º _____

4.º _____   9.º _____

5.º _____   10.º _____

Observa

1. Estos son los meses del año: escribe el nombre de cada mes en el calendario.

Enero ....
Julio
Agosto
Febrero
Mayo
Noviembre
Marzo
Septiembre
Abril
Diciembre
Junio
Octubre

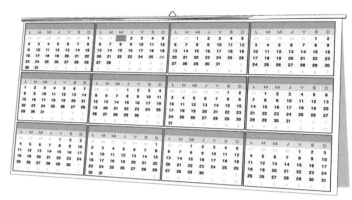

2. Completa los meses de cada estación del año.

a) Invierno:  − _____

b) Primavera.  − _____

c) Verano:  − _____

d) Otoño:  − _____

3. **¿Qué haces en estos meses del año? Responde** (usa frases como *volver a casa, ir de vacaciones, empezar las clases, viajar, estudiar español, comprar regalos*, etcétera).

1. Agosto − _____

2. Marzo − _____

3. Septiembre − _____

4. Diciembre − _____

5. Enero − _____

6. Junio − _____

7. Abril − _____

8. Octubre − _____

Observa

¿Para quién es el regalo?

> Mi – mío/a – para mí
> Tu – tuyo/a – para ti
> Su – suyo/a – para él/ella/usted

Mi libro	El libro es **mío**. La casa es **mía**. Los libros son **míos**. Las gafas son **mías**	Este libro es **para mí**. Estas gafas son **para mí**
Tu regalo	El regalo es **tuyo**. La revista es **tuya**. Los regalos son **tuyos**. Las gafas son **tuyas**.	Este regalo es **para ti**.
Su guitarra	La guitarra es **suya**. El piano es **suyo**. Las guitarras son **suyas**. Los teléfonos son **suyos**.	Esta guitarra es **para él/ella/usted**.

1. Pregunta según el modelo.

> ➡ El libro es para Jaime • ¿Para quién es el libro?

1. La carta es para Julia. – _____
2. Las revistas son para mi amigo. – _____
3. El regalo es para mi madre. – _____
4. El coche es para la hija. – _____
5. El trabajo es para la enfermera. – _____
6. Los cuadros son para mi padre. – _____
7. El billete de tren es para ella. – _____
8. El móvil es para Laura. – _____

2. Diálogo entre compañeros/as. Usa frases como:

> ➡ ¿De quién es / son la radio / las gafas) / ¿Son tuyas / mías… las gafas?
> • Sí / No, las gafas son / no son mías. Son de…

1. Completa con el verbo en la forma adecuada.

1. ¿Cuándo (*jugar*) _____ el Real Madrid contra el Milán?

2. Ana (*tener*) _____ las vacaciones en agosto.

3. No (yo, *recordar*) _____ el día de su cumpleaños.

4. Mi hermano no (*poder*) _____ viajar conmigo.

5. Siempre (ellas, *volver*) _____ a casa muy pronto.

6. (Ellos, *empezar*) _____ a trabajar a las 7 de la mañana.

7. ¿No (vosotros, *encontrar*) _____ las gafas?

8. (Yo, *tener*) _____ un móvil pero ahora (*estar*) _____ apagado.

2. Ordena las palabras y haz frases con sentido.

1. nuevo / mi / es / coche
   – _____

2. son / estas / mías / corbatas / no
   – _____

3. una / alegre / muy / casa / tiene
   – _____

4. mis / amables / muy / y / simpáticos / son / padres
   – _____

5. puerta / cierra / la / mi / casa / madre / de
   – _____

6. ¿hermana / mi / vuelve / cuándo / oficina / de la?
   – _____

7. a las / los / días / todos / a casa / 8 de la / llega / noche
   – _____

3. Adivina: ¿Recuerdas quién es…?

1. El padre de mi hermano es mi _____

2. El hermano de mi padre es mi _____

3. Mi padre y mi madre son mis _____

4. El padre de mi madre es mi _____

5. El hijo de mi tía Irene es mi _____

6. Los padres de mi madre son mis _____

Observa las diferencias

En España se dice...	En Hispanoamérica se dice...
• (coger el) autobús, bus	• (tomar el) ómnibus, el colectivo, el bus
• frigorífico, nevera	• heladera, refrigeradora
• guapo	• lindo, hermoso
• manzana (conjunto de casas)	• cuadra
• ven aquí	• ven acá

Para hablar

1. Las frases de este diálogo están desordenadas. ¿Puedes ponerlas en orden?

La «g» se pronuncia con sonido «suave» ante *a, o, u* o cuando va seguida de *u* + **vocal**:

Gato, pago, ganar, ganamos, llegan, guitarra.

2. Escucha y repite.

Ganar, gallego, ganador, goma, gordo, golpe, guapa, guardar, guitarra, amigos, amigas.

Toca la guitarra con sus amigos y amigas.

¿Quién ganará el partido de mañana?

No quiere pagar la cuenta en el restaurante.

ESTE ES NUESTRO PISO

1. Escucha esta conversación.

(hablando por teléfono)

Daisuke: ¡Hola Pascual! Soy Daisuke. Te llamo desde Japón.

Pascual: ¡Hola Daisuke! ¿Cómo estás? Me alegro de oír tu voz.

Daisuke: Pues el jueves próximo viajo a Madrid y…

Pascual: ¿Vienes a Madrid? ¡Formidable! ¿A qué hora llegas?

Daisuke: El jueves día 22, a las 9.15 de la mañana.

(en el aeropuerto)

Policía: Su pasaporte, por favor.
¿Viaja usted como turista?

Daisuke: Sí. Quiero visitar España y ver a algunos amigos.

Policía: Puede usted pasar. Feliz estancia en España.

Pascual: ¡Qué alegría verte, Daisuke! El viaje, ¿bien?

Daisuke: ¡Hola, amigo! El viaje bien, pero muy pesado.
Son muchas horas de avión.

Pascual: Bueno, ahora ya puedes descansar. Vamos a mi coche.

Daisuke: ¿Es este tu coche? Es muy bonito.

Pascual: No, es el coche de mi novia, Lola. ¿Te acuerdas de ella?
El mío está en el garaje. Está estropeado. Ahora es *nuestro* coche…

Daisuke: Sí, claro que me acuerdo de Lola. Lola es un nombre muy
español.

Pascual: Ya estamos en casa. Aquí vivimos Lola y yo. Es *nuestro* piso.

Daisuke: *Vuestro* coche, *vuestro* piso…

Pascual: Sí, nos casamos en mayo.

Daisuke: ¡Enhorabuena! ¿Está Lola en casa?

Pascual: No, Lola trabaja y llega tarde a casa.

2. Escucha de nuevo y repite.

3. Lee el diálogo y responde.

a) ¿Cuándo llega Daisuke a Madrid?

b) ¿Para qué viaja Daisuke a España?

c) ¿De quién es el coche que usa Pascual?

d) ¿Viven juntos Lola y Pascual?

e) ¿Por qué Lola no está en casa?

Estudia y practica

(yo)	(tú)	(él, ella, usted)
El coche es **mío**	El coche es **tuyo**	El coche es **suyo**
La casa es **mía**	La casa es **tuya**	La casa es **suya**
Los coches son **míos**	... **tuyos**	... **suyos**
Las gafas son **mías**	... **tuyas**	... **suyas**
Es el **mío**	Es el **tuyo**	Es el **suyo**
Es la **mía**	Es la **tuya**	Es la **suya**
Son los **míos**	... los **tuyos**	... los **suyos**
Son las **mías**	... las **tuyas**	... las **suyas**

1. Completa las formas de los posesivos:

1. Este libro es mí___ Es el m___

2. Esta es su habitación. Es la suy___

3. Estos discos son tuy___ Su___ discos son viejos.

4. Es mi apartamento. Es el mí___

5. Estos son su___ cuadros, no son los tuy___

6. Su casa es nueva y moderna. La suy___ es vieja y antigua.

7. Tus cartas. ¿Son realmente las tuy___?

8. Estas llaves son mí___ ¿Son estas las de María o las tuy___?

2. ¿De quién es/son...?

➡ El televisor es mío... • Las sillas son mías

Mío, mía...	Tuyo, tuya...	Suyo, suya...

Amplía tu vocabulario

Son tus corbatas. **Son las tuyas.**

¿De quién es? ¿De quién son?

Es su falda. **Es la suya.**

Es mi bolso. **Es el mío.**

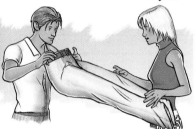

Es mi pantalón. **Es el mío.**

Es mi chaqueta. **Es la mía.**

Es tu camisa. **Es la tuya.**

Es tu blusa. **Es la tuya.**

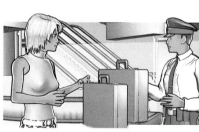

Son mis maletas. **Son las mías.**

Son mis calcetines. **Son los míos.**

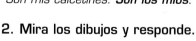

Son tus zapatos. **Son los tuyos.**

2. Mira los dibujos y responde.

➡ ¿De quién es/son…?	• El (bolso) es de… (María / Marta)

1. …la blusa
2. …la chaqueta
3. …los calcetines
4. …las corbatas

5. …la falda
6. …el bolso
7. …los zapatos
8. …las maletas

Anímate y habla

1. ¿Cómo es/son...?

Tus zapatos son nuevos.
Los míos también son nuevos.

Su falda es bonita.
La _____

Mis regalos son caros.
Los _____

Tu blusa es blanca.
La _____

Su televisor es grande.
_____

Tu corbata es elegante.
_____

Sus amigos son muy simpáticos.
_____

Mi abrigo es demasiado grande.
_____

Tu novela es interesante.
_____

Tus amigas son alegres.
_____

Observa

Las formas para expresar posesión, de varios poseedores, varían en género y en número para la primera y segunda persona y sólo en número para la tercera.

(nosotros/as)	(vosotros/as)	(ellos, ellas, ustedes)
El coche es nuestro. La casa es nuestra. Los coches son nuestros. Las gafas son nuestras.	El coche es vuestro. La casa es vuestra. ... vuestros. ... vuestras.	El coche es suyo. La casa es suya. ... suyos. ... suyas.
Nuestra casa. Nuestro coche.	Vuestra corbata. Vuestro piso.	Su casa. Su piso.

1. Habla según el modelo.

> ➡ Mi coche es nuevo.　　• Pues el nuestro también es nuevo.

1. Su casa es grande.   – _____
2. Tu abrigo es caro.   – _____
3. Mis zapatos son nuevos.   – _____
4. Mis gafas están sobre la mesa.   – _____
5. Su habitación tiene una mesa y dos sillas. – _____
6. Tus corbatas son elegantes.   – _____
7. Tu piso es grande y alegre.   – _____
8. Sus libros son siempre interesantes.   – _____

2. Escribe estos números.

1. 45   – _____.
2. 58   – _____.
3. 34   – _____.
4. 67   – _____.
5. 15   – _____.
6. 48   – _____.
7. 29   – _____.
8. 86   – _____.

Practica

(yo)	sirvo	digo	pido
(tú)	sirves	dices	pides
(él, ella)	sirve	dice	pide
(nosotros, nosotras)	servimos	decimos	pedimos
(vosotros, vosotras)	servís	decís	pedís
(ellos, ellas)	sirven	dicen	piden

1. Completa con la forma adecuada del verbo entre paréntesis.

1. ¿Para qué (*servir*) _____ las maletas?

2. (nosotros, *decir*) _____ siempre la verdad.

3. Estos jóvenes (*pedir*) _____ demasiadas cosas.

4. El camarero (*servir*) _____ café.

5. ¿(tú, *decir*) _____ que tu chaqueta es elegante?

6. El primero (*pedir*) _____ mucho, el segundo ya (*pedir*) _____ menos.

7. En este restaurante (nosotros, *servir*) _____ una paella excelente.

8. Afirmamos y (*decir*) _____ que la puerta todavía está abierta.

2. Responde a estas preguntas.

1. ¿A qué hora sirven la comida? – _____

2. ¿Qué dice mi hermano? – _____

3. ¿Pedís más regalos para vuestro cumpleaños? – _____

4. ¿Sirve este cuaderno para escribir? – _____

5. ¿Sigue el profesor en clase? – _____

6. ¿Preferís entrar o salir? – _____

7. ¿Dices siempre la verdad? – _____

8. ¿Pedimos helado de postre? – _____

3. ¿Eres capaz de leer esto?

Tres tristes *tigres*

comían trigo en un trigal.

Cien euros

Doscientos euros

Quinientos euros

Ciento cuarenta y ocho

Cuatrocientos treinta y cinco

100 *cien*		**400** *cuatrocientos*	
125 *ciento veinticinco*		**500** *quinientos*	
200 *doscientos*		**540** *quinientas cuarenta hojas*	
268 *doscientos sesenta y ocho*		**1000** *mil*	
300 *trescientos*		**1230** *mil doscientos treinta*	
310 *trescientas diez sillas*			

1. Escribe el resultado de estas sumas.

12 + 93 = _____	843 + 384 = _____
125 + 234 = _____	74 + 38 = _____
39 + 492 = _____	365 + 385 = _____
693 + 500 = _____	57 + 72 = _____
256 + 932 = _____	754 + 164 = _____

2. Elige el horario de tu viaje a Londres, desde Alicante.

Escríbelo y explica a tu compañero el número, día y hora de vuelo.

Fecha de salida

16 Diciembre 2007

Vuelos desde <u>Alicante (ALC), España</u> **hacia** <u>Londres (LON), Gran Bretaña</u>

Vuelo	Clase		Salida		Llegada		Parada Avión	Duración
IB 7578 OP	E	Turista	11:35	Alicante	13:05	Londres, Gatwick Terminal N	Sin parada 320	2h30min
IB 361	E	Turista	12:35	Alicante	13:35	Madrid, Barajas Terminal 2	Sin parada 320	4h20min
IB 3174	E	Turista	14:35	Madrid, Barajas Terminal 1	15:55	Londres, Heathrow Terminal 2	Sin parada 320	
IB 373	E	Bussines	16:05	Alicante	17:05	Madrid, Barajas Terminal 2	Sin parada 319	4h25min
IB 7648 OP	E	Turista	18:15	Madrid, Barajas Terminal 1	19:30	Londres, Gatwick Terminal N	Sin parada 737	
IB 367	E	Turista	06:35	Alicante	07:35	Madrid, Barajas Terminal 2	Sin parada 320	4h30min
IB 7440 OP	E	Bussines	08:40	Madrid, Barajas Terminal 1	10:05	Londres, Heathrow Terminal 2	Sin parada 320	
IB 1395	E	Turista	11:00	Alicante	12:00	Barcelona Terminal B	Sin parada M87	4h30min
IB 7640 OP	E	Turista	13:15	Barcelona Terminal B	14:30	Londres, Gatwick Terminal N	Sin parada 737	
IB 371	E	Turista	14:10	Alicante	15:10	Madrid, Barajas Terminal 2	Sin parada 320	4h30min
IB 7448 OP	E	Turista	16:20	Madrid, Barajas Terminal 1	17:40	Londres, Heathrow Terminal 2	Sin parada 320	

1. Escribe un diálogo para esta situación.

A. _____

B. _____

A. _____

B. _____

A. _____

B. _____

A. _____

B. _____

La «g + e/i»

La «g» seguida de *e/i* se pronuncia con el mismo sonido fuerte que la «j»:

Gente, gimnasia, gigante, página, girar.

26

2. Escucha y repite.

Gente, girar, página, imaginar, elegir, argentino, colegio, agitar, escoger, región, Egipto, inteligente, digital, imaginación, genial, lógico, digital.

Cuida mucho su imagen en la televisión.

Comenta ideas generales.

Es ingeniero en una empresa nacional.

(Total de puntos: 70)

PISTA 21

A) Comprensión oral.

Escucha y anota V (verdadero) o F (falso). (15 puntos)

	V	F
a) Marta vive lejos del cine.		
b) Pedro no vive en el barrio de Marta.		
c) Pedro escribe muchas cartas.		
d) Las amigas de Marta no son del barrio.		
e) Marta habla mucho por teléfono.		

B) Comprensión escrita.

1. Relaciona las frases de cada columna. (10 puntos)

Carlos	son amigos
Mi amigo Pedro	somos estudiantes de español
Este señor	somos enfermeras
Aquellos señores	trabajan como azafatas
Nosotras	es fotógrafo
Mi amiga y yo	trabaja en la universidad
La profesora	tengo seis años
Yo	tiene 35 años
Ellas	pasea por la ciudad
Tú	son taxistas
Enrique y Maiko	eres alemán

2. Pon el texto con el dibujo que le corresponde. (5 puntos)

1. María es actriz.

2. ¿A qué hora sale el tren para Madrid?

3. Yo tomo el menú número 1.

4. –¿Puedo pagar con tarjeta?
   –Claro, naturalmente.

5. –¡Qué alegría verte! El viaje, ¿bien?
   –Sí, el viaje muy bien.

C) Expresión escrita.

1. Escribe una respuesta a estas preguntas. (5 puntos)

1. ¿Qué día es hoy?
2. ¿Trabajas el domingo?
3. ¿Quieres viajar a España?
4. ¿Cómo estás hoy?
5. ¿Qué haces los lunes?

2. Escribe una frase para cada dibujo: *¿Qué hace/hacen...?* (10 puntos)

D) Gramática y vocabulario.

1. Completa las formas de los posesivos. (8 puntos)

1. Esta guitarra es mí___ Es la m___
2. Esta es su habitación. Es la suy___
3. Estos libros son tuy___ Su___ libros son interesantes.
4. Es mi apartamento. Es el mí___
5. Estos son su___ cuadros, no son los tuy___
6. Su casa es nueva y moderna. La suy___ es vieja y antigua.
7. Tus cosas. ¿Son realmente las tuy___?
8. Estas llaves son mí___ ¿Son estas las de María o las tuy___?

2. Completa con el verbo en la forma adecuada. (4 puntos)

1. ¿Cuándo (*jugar*) _____ el Real Madrid en Tokio?
2. Ana (*tener*) _____ las vacaciones en septiembre.
3. No (*yo, recordar*) _____ el día de su cumpleaños.
4. Mi hermano no (*poder*) _____ venir conmigo.
5. Siempre (*ellas, volver*) _____ a casa muy pronto.
6. (*Ellos, empezar*) _____ a trabajar a las 7 de la mañana.
7. ¿No (*vosotros, encontrar*) _____ las gafas?
8. (*Yo, tener*) …_____ un móvil, pero ahora (*estar*) _____ apagado.

94

3. Escribe estas frases en plural. (4 puntos)

1. Mi mesa es nueva.   – _____
2. Su madre es alegre.   – _____
3. Tu hermana es simpática y amable. – _____
4. Este idioma es fácil.   – _____
5. El japonés es trabajador.   – _____
6. Mi libro es interesante.   – _____
7. Mi hermana es muy inteligente.   – _____
8. Esta casa es mía.   – _____

4. ¿Qué hora marca cada reloj? (9 puntos)

_____

_____

_____

_____

_____

_____

_____

_____

_____

PISTA 27

1. Escucha esta conversación.

Carmen: Necesito una falda nueva. ¿Vienes de compras conmigo?

Antonia: Sí, me encanta salir de compras. Yo también necesito otra blusa. Esta no va bien con mi falda azul.

Carmen: Conozco una tienda donde tienen blusas muy bonitas.

Antonia: ¿Vamos en coche o a pie?

Carmen: A pie. Está cerca de aquí.

Empleada: ¿Puedo ayudarles en algo?

Carmen: Queremos comprar una falda y una blusa.

Empleada: Las tenemos muy bonitas y a buen precio.

Carmen: Yo la falda la quiero de color claro. Me gustan los colores claros.

Empleada : En colores claros tenemos esta rosa, o esa azul suave, y estas beige.

Carmen: Mi talla es la 36. A ver esta.

Empleada: Puede probarla. Es muy bonita.

Carmen: ¿Me queda bien, Antonia?

Antonia: Me gusta mucho. El color rosa te sienta de maravilla.

Empleada: Y usted quiere una blusa, ¿verdad?

Antonia: Sí. De la talla 34.

Empleada: Tenemos estas de color blanco, y esta beige.

Antonia: Esta es muy elegante. ¿Cuánto cuesta?

Empleada: Esta es barata: solo 32 euros.

Antonia: El precio está bien. Y me gusta el color. Me la quedo.

PISTA 27
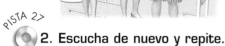

2. Escucha de nuevo y repite.

3. Lee el diálogo y responde.

a) ¿Por qué necesita Antonia una blusa?

b) ¿Cuál es la talla de Carmen?

c) ¿Qué quiere comprar Carmen?

d) ¿De qué color es y qué precio tiene la blusa de Antonia?

e) ¿Le va bien a Carmen el color rosa?

Estudia y practica

A mí me gusta el helado.

Pues a mí me encantan los bombones.

A Luisa le gusta mi falda verde.

gustar			
(yo) (a mí) (tú) (a ti) (él/ella) (a él/ella)	Me Te Le	gusta encanta	este color
(nosotros/as) (a nosotros/as) (vosotros/as) (a vosotros/as) (ellos/ellas) (a ellos/ellas)	Nos Os Les	gustan encantan	los colores claros

1. Relaciona cada pronombre con la frase que le corresponde.

tú	os gusta tomar el sol
ella	me encanta hablar contigo
nosotros	os gusta ir de vacaciones
vosotras	les gusta salir al campo
yo	le gusta jugar al fútbol
ellos	te gusta esa corbata
nosotros	le encanta comer paella
vosotros	nos gustan tus zapatos
él	os gustan las faldas modernas
tú	les encantan los bombones
vosotras	te encanta vestir bien
ellas	nos encanta pasear

2. Haz frases con estas palabras.

1. A mí / gustar / helado — *A mí me gusta el helado.*

2. A ellas /encantar / falda larga — _____

3. A nosotros / gustar / viajes — _____

4. A ellos / encantar / salir de excursión — _____

5. A María /encantar / ir de compras — _____

6. A vosotros / gustar / salir con amigas — _____

7. A ti / encantar / estar sola — _____

8. A nosotras / encantar / colores claros — _____

Amplía tu vocabulario

A Pilar le gustan los **pantalones cortos.**

Juan lleva **calcetines** rojos.

A José le gusta el **jersey de cuello alto.**

A Helena le gusta llevar **bikini** en verano.

A la señora le gustan los **trajes** elegantes.

Al señor le gusta llevar **gabardina**.

El señor lleva **cazadora** de deporte.

A David le gustan los **anoraks** azules.

1. Observa algunas diferencias.

Algunas prendas de vestir tienen nombres diferentes en varios países de habla hispana.

España	Chile	México, Colombia, América Central	Argentina, Paraguay, Uruguay	Perú
camiseta	polera, remera		remera	
falda	pollera	pollera		pollera
abrigo	tapado			tapado
jersey/chaqueta de punto o lana	pullóver	pullóver, chaleco	pullóver	chompa, pullóver
cazadora		chumpa	campera	chompa
chaqueta, chaquetón	saco	saco	saco	saco

Anímate y habla

1. Tienes **250** euros para gastar en ropa.

Entra en esta tienda, elige y anota lo que quieres comprar por esa cantidad.

Mis prendas preferidas	Precio

Observa

Los colores

Azul	Gris	Rojo
Rosa	Marrón	Negro
Amarillo	Verde	Beige

1. Anota el nombre y el color de la ropa que llevas puesta.

Mis prendas de vestir	color

2. En parejas: ahora pregunta a tu compañero/a y anota sus prendas de vestir y sus colores favoritos.

➡ *(Carlos), ….. ¿Qué llevas hoy?*   • *¿Y qué colores prefieres?*

Prendas de vestir preferidas	Colores preferidos

Observa

Pronombres de objeto directo: se usan siempre antepuestos al verbo:

Lo	La
Los	las

1. Haz frases según el modelo.

➡ *Tengo un plátano. ¿Lo quieres (comer)?*   • *Sí, **lo** quiero. **Me gustan** los plátanos.*

Cosas, objetos	Verbos que puedes usar
Dos plátanos	Querer
Naranjas	Gustar
Un juguete	Encantar
Unos caramelos	Comprar
Lápices	Vender
Un mapa de España	Llevar
Un reloj	Usar
Una radio	Comer
Novela de aventuras	Ver
Una película	Leer
Un disco de David Bisbal	Escuchar
Unos zapatos negros	
Unos bombones	

1. En grupos.

a) Escribe dos frases de cada apartado, según las indicaciones dadas.

Gustos	Me gusta _____ Me gustan _____
Prendas de vestir	Hoy llevo _____ Mi amiga lleva _____
Actividades habituales	Mañana quiero _____ Ahora _____
Objetos de la clase	Sobre mi mesa tengo _____ El color _____ . Es de color _____
Preferencias	En verano prefiero _____ Y las _____ las prefiero _____
Deseos	Deseo visitar _____ Yo también _____
Compras	Quiero comprar _____ Los _____ azules.

b) Compara tus frases y las de tu compañero.

2. Transforma las palabras subrayadas por un pronombre.

➡ Isabel busca <u>unos zapatos</u> en la tienda.　　• Isabel <u>los</u> busca en la tienda

1. María compra <u>una falda</u> en la tienda　　– _____
2. Mis amigas llevan <u>sus libros</u> al cole.　　– _____
3. No tiene <u>lápices</u> de color verde.　　– _____
4. ¿Veis a <u>la profesora</u>?　　– _____
5. Alberto vende <u>sus juguetes viejos</u>.　　– _____
6. Elena no conoce a <u>mis amigas</u>.　　– _____
7. ¿Ves <u>a mi padre</u>? Está allí.　　– _____
8. Los niños necesitan <u>camisas nuevas</u> para el invierno. – _____

3. Adivina: ¿Qué regalos hay escondidos entre las letras?

O	U	E	P	B	R	K	L	Ñ	K	W
R	M	Ó	V	I	L	D	R	T	N	H
D	Ñ	K	D	Y	L	E	J	K	L	Ñ
E	E	D	I	S	C	O	J	E	T	M
N	L	I	B	R	O	K	T	S	Z	O
A	Z	S	B	I	C	I	Y	O	H	T
D	V	I	D	E	O	J	U	E	G	O
O	S	F	P	A	T	I	N	E	T	E
R	D	H	F	L	A	U	T	A	K	L

Para hablar

1. Escribe una descripción de cada persona. Puedes usar palabras del recuadro.

guapo	negro	guapa	negra
alegre	blanco	alta	verde
alto	verde	pequeña	delgada
pequeño	azul	alegre	gorda
moderno	gordo	moderna	rubia
grande	rojo	grande	roja
simpático	rubio	simpática	morena
moreno	bonita	blanca	

Él	Ella

28

2. Escucha y repite.

Joven, juguete, argentino, ajos, ojos, jugar, inteligente, jardín, jamás, japonés, Juan, José, Jaime, jefe.

El señor de al lado ya está muy viejo.

Su hija recoge la mesa.

Es un libro con muchas hojas.

1. Escucha esta conversación.

Yuan: Otro día con sol. ¿No llueve nunca en España?
Irene: Sí, de vez en cuando también llueve. Pero hace sol muy a menudo.
Yuan: En China hace sol, pero también llueve, nieva y hace frío.
Irene: España es pequeña y el clima es menos variado.

Irene: Hoy hay pocas nubes. Sólo llueve en el Norte, en los Pirineos, y Madrid. En el Mediterráneo hace sol.
Yuan: ¿Podemos ir a la playa?
Irene: En las islas Canarias sí. Allí hace sol y calor todo el año. Las isla Canarias están cerca del desierto del Sáhara, en África.
Yuan: ¡Qué suerte! Puedo bañarme en invierno.
Irene: Pero sólo en Canarias. En Madrid hace mucho frío.

Irene: España es pequeña, pero el clima es muy diferente en el Norte y en el Sur
Yuan: ¿Hay montañas muy altas?
Irene: Sí. Y en la montaña nieva mucho en invierno y hace fresco en verano. A veces también hace mucho viento en otoño.
Yuan: Y tú, Irene, ¿qué prefieres, frío o calor, invierno o verano?

Irene: Yo soy de Castilla, en el centro de España. Prefiero el tiempo fresco.
Yuan: A mí me gusta la nieve y me gusta esquiar. Pero también me gusta mucho el sol y la playa. El verano es fantástico.
Irene. A mí me gusta la primavera: empieza a hacer más sol, pero todavía hace frío por la noche.
Yuan: Yo prefiero la playa. Me encanta la arena, las olas y el agua del mar.

2. Escucha de nuevo y repite.

3. Lee el diálogo y responde.

a) ¿Hace mucho sol en España?

b) ¿Es muy variado el clima en España?

c) ¿Qué tiempo hace hoy en el Norte?

d) ¿Qué tiempo hace en otoño?

e) ¿Qué tiempo prefiere Irene?

¿Qué tiempo hace hoy?

Los verbos que expresan el tiempo atmosférico sólo se usan en tercera persona del singular: *llover, nevar: o > ue; e > ie*

Llueve en otoño.	Nieva en invierno.

1. Haz frases con un elemento de cada columna.

– En (enero)… (llueve)… (mucho/poco/a menudo)

Llueve Nieva	Enero Diciembre Marzo Mayo Julio Noviembre Febrero Octubre Abril Agosto Junio Septiembre

...calor

...frío

...viento

HACE...

...sol

...buen tiempo

...mal tiempo

2. Responde.

¿Qué tiempo hace en...?

1. Japón
2. España
3. Rusia
4. Argentina
5. Alemania
6. Turquía

Amplía tu vocabulario

Hay **nieve** en las montañas.

La **lluvia** cae sobre la ciudad.

Hay niebla en el valle.

Hay muchas **nubes** en el cielo.

Está nublado en el Norte de España.

La **temperatura** es alta: 28º.

El **cielo está despejado**.

El **clima** es suave y agradable.

Hay **tormenta** en el mar.

El clima es muy **caluroso**.

1. Mira los dibujos y responde.

¿Dónde hay...?	¿Cómo es/son/está...?
niebla	el clima
lluvia	el cielo
nieve	norte de España
tormenta	temperatura
nubes	

Anímate y habla

1. Haz frases según el modelo.

> ➡ ¿Hace frío en invierno?　　• Sí, hace frío en invierno.

1. ¿Hace frío en noviembre?　　– _____
2. ¿Hace calor en agosto?　　– _____
3. ¿Hace mucho sol en agosto?　　– _____
4. ¿Hace viento en octubre?　　– _____
5. ¿Está nublado en tu ciudad?　　– _____
6. ¿Nieva en enero?　　– _____
7. ¿Llueve mucho en primavera?　　– _____
8. ¿Hace viento en otoño?　　– _____

2. Describe los dibujos.

> ➡ ¿Qué estación del año / mes? ¿Qué tiempo…?　　• Es… Hace… Está…

_____
_____
_____
_____
_____
_____

Observa

| nunca | → | a veces | → | de vez en cuando | → | a menudo | → | muchas veces |

En el desierto no llueve nunca

En el desierto nunca llueve

En agosto no llueve

1. Haz frases según el modelo.

> ➡ ¿Llueve en el desierto? • No, en el desierto no llueve nunca.

1. ¿Nieva de vez en cuando en Cuba? – _____
2. ¿Hace mal tiempo en el Sur? – _____
3. ¿Está nublado en la ciudad? – _____
4. ¿Hay nubes en este lugar? – _____
5. ¿Llueve muchas veces en esta región? – _____
6. ¿Hace mucho viento en agosto? – _____
7. ¿Hace sol a menudo en el Norte? – _____
8. ¿Nieva a veces en Sevilla? – _____

2. Escribe cada palabra en la columna correspondiente.

		Meses	Días de la semana	Tiempo
enero	viento			
nieve	abril			
sol	lluvia			
martes	calor			
nubes	martes			
marzo	diciembre			
junio	jueves			
lunes	nublado			
miércoles	domingo			
frío	agradable			
despejado	niebla			
viernes	agosto			

Observa

Sale de casa **por la mañana**, a las 8.

Vuelve a casa **al mediodía**, para comer a las 14.00.

Por la tarde, salen de la escuela a las 17.00.

Por la noche van a la cama a las 22.00.

Los miércoles juegan al fútbol en el patio.

Los domingos descansan.

1. Transforma según el modelo.

> ➡ Llueve a menudo por la tarde.   • *Nunca llueve por la tarde.*

1. A veces hace sol por la mañana. – _____
2. A veces nieva en la ciudad – _____
3. En Londres siempre hay niebla. – _____
4. El cielo está despejado por la noche. – _____
5. En esta ciudad hace mucho sol. – _____
6. Al mediodía hace mucho frío. – _____
7. En verano hace viento a menudo. – _____
8. Por la tarde no hay nubes. – _____

2. Responde: ¿Cuándo…?

1. … desayunas cada día?
2. … comes los domingos?
3. … cenas los sábados?
4. … van los niños a dormir?
5. … tomas un café?
6. … sales con los amigos o amigas?

3. Relaciona todas las palabras de una columna con las palabras de la otra.

nieva	lluvia
llueve	calor
calor	nublado
frío	nieve
sol	mal tiempo
nubes	poco agradable
aire	buen tiempo

Comidas

Las comidas en España

¿Cuándo se come en España?

Por la mañana:

Primera comida del día: el desayuno. La gente suele tomar café con leche, tostadas, bollos o galletas.

Después del mediodía:

La segunda comida es el almuerzo o comida: al principio de la tarde, entre las 2 y las 3.

La gente come un primer plato (verduras, arroz, lentejas, etc.), un segundo plato (carne o pescado) y postre (generalmente fruta).

Por la tarde:

La merienda es una comida muy ligera, entre 5 y 6 de la tarde (especialmente los niños). Los niños suelen tomar un bocadillo, algo de fruta o un vaso de leche.

Por la noche:

La cena es la última comida del día: alrededor de las 9 de la noche. La gente toma algo ligero: verdura, tortilla, huevos fritos, etc. Y fruta de postre.

Las comidas en México

La comida mexicana es mezcla de la comida española y de la comida indígena.

¿Qué se come?

Las tortillas son básicas en la comida mexicana. Las tortillas se hacen con harina de maíz.

También son muy populares los tacos, los tomates y los chiles (en España, *pimientos*).

110

Para hablar

¿Qué tiempo hace?

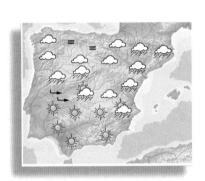

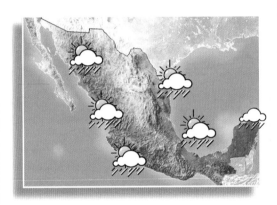

La «r» sencilla

La **«r»** sencilla tiene dos sonidos: un sonido fuerte y otro más suave.

La **«r»** es fuerte al inicio de palabra: *rosa, romper, rueda.*

La **«r»** es suave si aparece en una sílaba intermedia en la palabra o al final de la palabra: *temperatura, verano, eres, calor, olor.*

2. Escucha a tu profesor y repite.

Radio, Raúl, rico, robar, ruso, romper, Ramón, rosa, ruido.

Enero, febrero, septiembre, invitar, tarde, comprar, comparar.

En Rusia hace mucho frío en diciembre.

Las temperaturas son suaves en primavera.

Les gusta oír su risa por la radio.

Unidad 13

TENGO 25 AÑOS

PISTA 30

1. Escucha esta conversación.

Soy Celia Méndez. Soy dibujante. Y también pinto. Me gusta pintar cuadros de paisajes. Tengo casi 25 años. Bueno, el martes cumplo 25. Soy de Zaragoza, pero vivo en León. Aquí vive mi novio, Santiago. Y muy cerca tengo muchos y bonitos paisajes para pintar. ¡Ah! Y hablo tres idiomas: inglés, francés e italiano.

Celia: El día de mi cumpleaños es un día muy especial para mí. Y voy a celebrar una fiesta.

Quiero una fiesta alegre, divertida, con todos mis amigos y amigas. Hago la fiesta en casa, en mi piso. Tengo una sala de estar grande y una terraza. Mis amigos y amigas siempre quedan muy contentos.

Celia: ¿Está Yolanda?
Yolanda: Sí, soy yo. ¿Quién eres?
Celia: Soy Celia. ¿Te acuerdas de mí?
Yolanda: ¡Caramba, Celia! Claro que me acuerdo. ¿Cómo estás?
Celia. El martes próximo es mi cumpleaños. Y hago una fiesta. ¿Puedes venir?
Yolanda: Claro, por supuesto.
Celia: El martes a las 9. Te espero.

(al teléfono)
Manolo: ¿Diga?
Celia: ¿Manolo? Soy Celia.
Manolo: ¡Hola, Celia! ¿Qué es de tu vida?
Celia: Pues que el martes es mi cumpleaños y…
Manolo: ¡Felicidades, Celia!
Celia: … y te invito a mi fiesta.
Manolo: ¡Encantado! Tu fiesta de cumpleaños nunca me la pierdo.

Celia: ¿Qué haces el lunes, Santiago?
Santiago: El lunes, nada especial.
Celia: ¿Me acompañas al supermercado? El martes es mi cumpleaños y tenemos que preparar la fiesta.
Santiago: ¿Hacemos la lista?
Celia: Sí. ¡Y quiero un pastel con veinticinco velas!

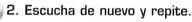PISTA 30

2. Escucha de nuevo y repite.

3. Lee el diálogo y responde.

a) ¿Por qué vive Celia en León?

b) ¿Qué hace Celia el día de su cumpleaños?

c) ¿Acepta Yolanda la invitación a la fiesta de Celia?

d) ¿Va siempre Manolo a la fiesta de Celia?

e) ¿Cómo quiere Celia el pastel?

Estudia y practica

Algunos verbos tienen formas irregulares.

Ir

(yo) (tú) (él, ella)	voy vas va	*de compras*
(nosotros, nosotras) (vosotros, vosotras) (ellos, ellas)	vamos vais van	*a la playa*

¿Qué vas a comer mañana?

¿Vas a celebrar una fiesta de cumpleaños el martes?

Ir a + infinitivo tiene un significado especial: «ir» no señala movimiento físico, sino que el hablante tiene la intención de hacer algo (lo que expresa el infinitivo).

1. Responde.

1. ¿Va a celebrar una fiesta Celia?   *– Sí, Celia* _____

2. ¿Va a llamar tu amiga por teléfono?   – _____

3. ¿Vas a decirme si comes o no conmigo?   – _____

4. ¿Vamos a estudiar ahora?   – _____

5. ¿Van a decir cuándo quieren esquiar?   – _____

6. ¿Vas a tomar fruta de postre?   – _____

7. ¿Vamos a comprar un billete para Toledo? – _____

8. ¿Vais a decir la verdad a vuestros padres? – _____

2. ¿Qué vas a hacer estas vacaciones? Haz frases como estas:

Estas vacaciones voy / vamos / van a…

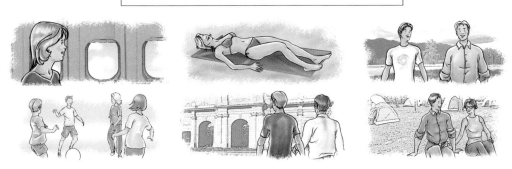

Amplía tu vocabulario

| – ¿Qué hace(n)? | – ¿Qué tiene(n) intención de hacer? |

Carmen **va a** casa de su novio.

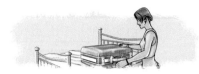

Carmen **va a hacer** las maletas el sábado.

Por la noche **voy a** una discoteca.

Por las noches **voy a estudiar** todos los días.

Vamos al gimnasio y hacemos deporte.

¿**Vamos a pensar** en el problema?

Van a la ciudad en autocar.

Van a entrevistar a dos personas.

¿Ya **vais al** teatro?

¿**Vais a decidir** ya qué compráis?

1. Mira los dibujos y responde.

¿Adónde va / van?	¿Qué tiene(n) intención de hacer?
1. _____	1. _____
2. _____	2. _____
3. _____	3. _____
4. _____	4. _____
5. _____	5. _____

Anímate y habla

–¿Adónde vas?	–¿De dónde vienes?
–Voy a Madrid.	–Vengo de Barcelona.

(piscina) _____ _____

(peluquería) _____ _____

(farmacia) _____ _____

(supermercado) _____ _____

(panadería) _____ _____

Observa

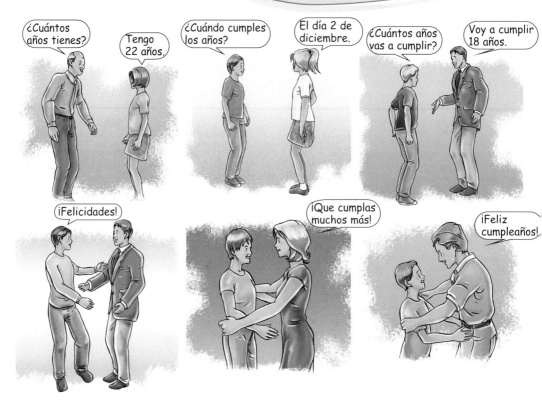

1. En parejas: preguntad y responded según el modelo.

> ➡ Carlos / 22.
>
> • –¿Cuántos años tiene Carlos?
> • –Carlos tiene 22 años.

1. Ana / 17. – _____
2. Enrique / 34. – _____
3. Cristina y Lola / 28. – _____
4. Mis abuelos / 75. – _____
5. Tus padres / 46. – _____
6. Amalia y David / 16. – _____
7. Tu amigo Carlos / 25. – _____
8. Mi tía / 52. – _____

2. Felicita a estas personas en el día de su cumpleaños.

Practica

Esta falda me gusta.

Cómprala. Es muy bonita.

En esta oficina trabaja Julia.

¿Vamos a verla?

Ahí está Pepe.

Pues llámalo.

1. Completa con el pronombre adecuado.

1. Me gustan estas maletas. ¿_____ compro?

2. Aquí viven Carmen y Luis. ¿Vamos a visitar__?

3. Ana es mi amiga. ¿__ llamamos por teléfono?

4. El autobús pasa a las cinco. Vamos a perder__

5. Esta es mi ciudad. ¿Aún no ___ conoces?

6. Necesito tus lápices de color. ¿____ tienes en tu cartera?

7. ¿Cuántos años tiene Enrique? ¿__ sabes?

8. ¿Tienes el libro de Argentina? ¿No __ tienes?

Más números

1.000 **mil**	200.000 doscientas mil hojas
1.230 mil doscientos treinta	500.000 quinientos mil pesos
5.000 cinco mil	medio millón
33.000 treinta y tres mil	700.000 **setecientos mil euros**
100.000 cien mil	1.000.000 un millón

2. Escribe estos números

5.400	= _____	345.932	= _____
76.450	= _____	12.000	= _____
150.000	= _____	67.890	= _____
46.750	= _____	593.000	= _____
145.000	= _____	26.321	= _____

¿Cómo se llama y se responde por teléfono?

En España:

a)

> ¿Sí? ¡Dígame?
> ....
> ¡Hola Alicia!

> ¡Hola! Soy Alicia.

b)

> Gómez Asociados.
> ¿Qué desea?

> Buenos días. Soy
> un cliente y …

En México

> ¿Bueno?

> ¡Hola! Soy
> Guadalupe.

En Chile

> ¿Aló?

> Soy...........

En Argentina

> ¡Hola! ¿Sí?

> Soy...........

Para hablar

1. Escribe un diálogo para esta situación.

A. _____

B. _____

A. _____

B. _____

A. _____

B. _____

A. _____

B. _____

La «rr»

La secuencia **«rr»** siempre se pronuncia con sonido fuerte (como la **«r»** al principio de palabra). Esta secuencia siempre aparece en medio de una palabra:

Inglaterra, tierra, párrafo, perro.

31

2. Escucha y repite.

Tierra, párrafo, Inglaterra, narrar, guerra, terrorismo, hierro, desarrollo, correr, corredor, barrera, carro, arriba, correcto, correspondiente, carrera, extraterrestre, arroz.

Es un guitarrista de gran fama.

Llega por la carretera de la costa.

Le gustan los perros de raza.

PISTA 32

1. Escucha esta conversación.

Laura: ¡Hola, Ramón!
Ramón: ¡Hola, Laura! ¡Cuánto tiempo sin verte! ¿Cómo has pasado las vacaciones?
Laura: Estupendamente. He visitado Argentina.
Ramón: ¿Y cómo ha sido el viaje?
Laura: Ha sido un viaje muy agradable.

Laura: Argentina es un país muy interesante y variado. ¿Has estado en Argentina alguna vez?
Ramón: No. He viajado poco.
Laura: Pues en los viajes puedes aprender muchas cosas.
Ramón: Es verdad. Ahora acabo mi carrera en la universidad. Pero luego pienso viajar mucho.

Ramón : ¿Has visitado Buenos Aires?
Laura: He visitado muchas ciudades y he conocido varias regiones. Me ha gustado sobre todo el sur de Argentina, y especialmente la Patagonia.
Ramón: ¡Qué suerte! He leído mucho sobre la Patagonia. ¿Es muy salvaje?
Laura: Sí. Y muy bonita. Es una tierra de paz y tranquilidad.

Laura: Y también he visitado el Polo Sur.
Ramón: ¿Y has visto las ballenas?
Laura: Sí, claro. He visto las ballenas, los pingüinos, los leones marinos…
Ramón: A mí también me gustaría ver las ballenas en el Ártico Su
Laura: Hay viajes baratos para estudiantes. ¿Has mirado en Inter

PISTA 32

2. Escucha de nuevo y repite.

3. Lee el diálogo y responde.

a) ¿Qué ha hecho Laura durante las vacaciones»

b) ¿Ha estado Ramón en la Argentina?

c) ¿Qué animales ha visto Laura?

d) Ramón acaba sus estudios: ¿qué piensa hacer?

e) ¿Cómo es la Patagonia?

Estudia y practica

Pretérito perfecto de indicativo

Para expresar tiempo pasado, el español usa varios tiempos verbales. Uno de ellos es el perfecto de indicativo.
Se forma con el auxiliar *haber* + **participio pasado** del verbo principal.

visitar > *visit-ado*
beber   > *beb-ido*
vivir   > *viv-ido*

(yo) (tú) (él, ella)	he has ha	*visitado Argentina estado en Argentina*
(nosotros, nosotras) (vosotros, vosotras) (ellos, ellas)	hemos habéis han	*visitado Argentina estado en Argentina*

1. Relaciona cada pronombre con la frase que le corresponde.

tú	*hemos visitado América.*
ella	*habéis leído muchos libros.*
nosotros	*ha llegado en tren.*
vosotras	*han venido con nosotros al cine.*
yo	*has visitado España.*
ellos	*hemos recibido un regalo.*
nosotros	*has viajado en autobús.*
vosotros	*habéis buscado piso.*
él	*ha visto las ballenas en el mar.*
tú	*he visitado Sevilla.*
vosotras	*han comprado una camisa nueva.*
ellas	*habéis estado en Tokio.*

2. Responde a estas preguntas:

1. ¿Qué ropa has comprado para ti? – _____
2. ¿Habéis visitado el museo del Prado? – _____
3. ¿Has visto la película de los dinosaurios? – _____
4. ¿Habéis ido en barco por el Mediterráneo? – _____
5. ¿Has leído la novela de García Márquez? – _____
6. ¿Has pintado algún cuadro? – _____
7. ¿Ha llovido en tu ciudad? – _____
8. ¿Habéis cantado alguna canción de Serrat? – _____

Amplía tu vocabulario

participios regulares		Participios irregulares
visitar > *visit-ado* beber > *beb-ido* vivir > *viv-ido*	*pero*	abrir > *abierto* ver > *visto* hacer > *hecho* poner > *puesto* escribir > *escrito* romper > *roto* ir > *ido* decir > *dicho* volver > *vuelto*

Museo Picasso

¿**Habéis visto** el museo Picasso?

Paquito **ha hecho** sus deberes.

¿**Has abierto** la carta de tu madre?

No **ha dicho** la verdad al profesor.

Marta **ha ido** al mercado.

Cervantes **ha escrito** «Don Quijote de la Mancha».

Ha puesto el sombrero sobre la mesa.

Juanito **ha roto** sus zapatos.

Anímate y habla

El pretérito perfecto asocia el tiempo pasado a un período de tiempo en que, globalmente, se sitúa el hablante. Por eso es más frecuente con estructuras como *este año, esta semana, este mes, esta mañana, hoy, esta época del año*, etcétera.

1. Haz preguntas a tu compañero/a.

1. Ver /película.   – *¿Has visto la película?*
2. Escribir / carta a las amigas.   – _____
3. Volver a casa / esta noche / 10.00.   – _____
4. decir / algo a tus padres.   – _____
5. oír / esta tarde / pasar a la gente.   – _____
6. abrir / puerta de la casa.   – _____
7. poner / hoy / la radio.   – _____
8. romper / cristales de la ventana.   – _____

2. ¿Qué frase de la derecha corresponde a cada frase de la izquierda?

1. Esta mañana estoy cansado:
2. Hoy Luis está enfermo y
3. Este año
4. Mis amigas
5. Nuestro colegio no
6. Sois muy simpáticas, pero
7. Es muy trabajador y
8. Esta semana

a) han llegado tarde.
b) hemos hecho los exámenes de español.
c) ha habido una guerra en Asia.
d) he jugado al fútbol con mis amigos.
e) ¿por qué no saludáis a la profesora?
f) se ha quedado en casa.
g) ha perdido ningún partido de fútbol.
h) ha hecho todos sus deberes.

3. Completa las frases con verbos del recuadro.

han venido - ha podido - ha llamado - ha vivido - ha estado - han saludado - he visto - ha pedido - ha estudiado - ha sacado

1. Paula me _____ por teléfono esta tarde.
2. Los _____ en la calle y ellos me _____.
3. _____ toda la semana y _____ una buena nota en los exámenes del viernes.
4. Virginia me _____ el libro, pero yo no lo tengo.
5. ¿Quién _____ esta semana enfermo?
6. Las invitamos a mi cumpleaños, pero no _____.
7. Él nunca _____ solo y no le gusta vivir sin ti.
8. Por fin _____ descansar en casa.

Observa y habla

En la estructura «*estar* + participio pasado», el participio concuerda con el sujeto en género y en número.

He **visto** a mi amiga. Hoy hemos **llegado** a casa a las 2.	Mi **blusa** blanca está **rota**. Mis **zapatos** están **sucios**.

–¿Escribes la carta, por favor?

–No, la carta ya **está escrita**

–¿Abres la ventana?

–¿Aparcamos el coche?

–¿Arreglamos la habitación?

–¿Limpias tus zapatos?

–¿Hacéis las maletas?

–¿Preparas el regalo para Ana?

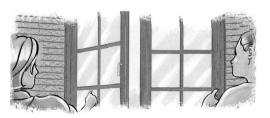

–¿Cierras la ventana de la habitación?

Observa

Pronombres de objeto directo: se ponen antes del verbo auxiliar

¿Has visto la película?	*Sí, ya la he visto.*

1. Haz preguntas.

1. ¿Haces los deberes?   – *Ya los he hecho.*

2. ¿Visitas el Antártico Sur?   – _____

3. ¿Leen la novela de Cela?   – _____

4. ¿Veis la serie de la televisión?   – _____

5. ¿Alquilas el piso de la plaza Mayor?   – _____

6. ¿Estudiáis los verbos irregulares?   – _____

7. ¿Escuchas las noticias de Radio España?   – _____

8. ¿Compráis ropa de invierno?   – _____

2. Haz frases según el modelo.

> ➡ *–He recibido un regalo. ¿Lo quieres (ver…)?*   • *Sí, me encantan los regalos.*

Cosas, objetos	Verbos que puedes usar
Dos regalos	*Recibir*
Un juguete	*Comprar*
Una radio	*Ver*
Libro de cuentos	*Leer*
Una película	*Escuchar*
Unos bombones	*Arreglar*
Una canción moderna	
Carta	
Una guitarra	
Un vídeo de dibujos animados	
Mi habitación	

En frases negativas: *Aún, todavía* + pretérito perfecto:
  Aún no ha llegado el tren.
  Todavía no he puesto la radio.
En frases afirmativas: *ya* + pretérito perfecto:
  Ya hemos gastado todo el dinero.

1. Responde a estas preguntas según el modelo.

➡ ¿Ya has abierto las cartas?   •*Sí, las cartas ya están abiertas.*

1. ¿Habéis cerrado las ventanas ya?   – _____
2. ¿Todavía no has cerrado la puerta?   – _____
3. ¿Aún no está arreglado el coche?   – _____
4. ¿Aún no han abierto ese restaurante?   – _____
5. ¿Ya has preparado la ropa para la fiesta? – _____
6. ¿Todavía no has puesto las flores en la sala? – _____
7. ¿Ya has pagado el piso nuevo?   – _____
8. ¿Aún no has enviado los paquetes?   – _____

Esto es un coche.

Claro, esto es un carro.

Observa las diferencias

En España se dice	En América se dice
coche	*carro, auto*
autobús	*guagua* (Canarias, Cuba); *camión* (México); *colectivo* (Argentina); *ómnibus, bus*
nevera	*heladera, refrigeradora*
piso, apartamento	*departamento*
aparcar	*estacionar, parquear*
ayuntamiento	*municipalidad, alcaldía*
guapo	*lindo, hermoso*
coger	(en los países de Hispanoamérica no suele usarse el verbo «coger», por ser tabú). En su lugar se usan: *agarrar, tomar...*

Escribe un diálogo para estas situaciones.

La «z»

La «z» tiene un sonido fuerte, igual que el de la «c + e/i»:

Zapato, zona, zarza, haz, plaza.

33

2. Escucha y repite.

Zapato, zona, zarza, haz, plaza, esperanza, empezar, fuerza, amenazar, civilización, razón, tranquilizar, raza, corazón, pieza, comenzar.

Estas botellas azules son buenas para el agua.

Los González gozan de unas vacaciones.

Y se hizo la luz en el universo.

PISTA 34

1. Escucha esta conversación.

Mercedes: ¡Buenos días a todos y a todas! Soy Mercedes, vuestra guía en la visita a la ciudad de León. Y ahora prestad atención. Vamos a visitar la catedral y la parte vieja de la ciudad.
Tenemos que andar un poco y movernos de un sitio a otro. No os separéis de mí. Si no me veis a mí, mirad siempre a este banderín rojo. Y empezamos la visita.

Mercedes: Esta es la catedral. La catedral fue empezada en el año 916. Entremos p esta hermosa puerta gótica. Miren ustedes hacia arriba y hacia los lad
Turista 1: ¡Qué vidrieras tan bonitas!
Mercedes: Sí, observen ustedes las vidrieras: son muchas, de colores muy vivo con muchas figuras.
Turista 2: Y también son grandes.
Mercedes: En esta catedral hay más de 1.800 metros cuadrados de vidrieras.

Mercedes: Ahora estamos ante una iglesia muy antigua: la basílica de San Isidoro. Entremos.
Turista 2: Hay poca luz…
Turista 3: Está muy oscuro aquí dentro.
Mercedes: Es el estilo románico. Miren las paredes: son fuertes y gruesas y tienen pocas ventanas, y muy pequeñas. Observen también el techo: es bajo. Estos edificios invitan a pensar en Dios.

Mercedes: Ya hemos llegado al barrio viejo de León. Vayamos por esta calle. Ter gan cuidado. Es muy estrecha. Y ahora giremos a la derecha. ¡Aten ción, todos a la derecha!
Turista 4: ¿Hay algo especialmente interesante en este barrio?
Mercedes: Los leoneses vienen a este barrio a tapear. Es el barrio de las tapas. M rad en este bar, por ejemplo: podéis tomar cecina, chorizo, jamón, ca llos… Y todo muy picante.
Turista 4: ¿Podemos hacer un descanso?
Mercedes. Es una buena idea. Media hora para tomar una tapa. ¡Buen provech

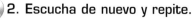

PISTA 34

2. Escucha de nuevo y repite.

3. Lee el diálogo y responde.

a) ¿De qué trabaja Mercedes?

b) ¿Cómo son las vidrieras de la catedral?

c) ¿Qué aconseja Mercedes en la basílica de San Isidoro?

d) ¿Cómo es la calle del «barrio viejo» de León?

e) ¿Qué es lo más interesante en el «barrio viejo»?

Estudia y practica

Para dar consejos u órdenes se usa el **imperativo**.

Mirar	Leer	Pedir
Mir-**a** (tú)	Le-**e** (tú)	Pid-**e** (tú)
Mir-**ad** (vosotros/as)	Le-**ed** (vosotros/as)	Ped-**id** (vosotros/as)
Mir-**e** (usted)	Le-**a** (usted)	Pid-**a** (usted)
Mir-**en** (ustedes)	Le-**an** (ustedes)	Pid-**an** (ustedes)

¡Vended el coche!

¡Mira tu camisa!

¡Suban la escalera y esperen arriba!

1. Relaciona cada pronombre con la frase que le corresponde.

tú	*Estudiad los verbos irregulares.*
usted	*Leed este libro.*
nosotros	*Volved pronto a casa.*
vosotras	*Pidan una tapa de jamón.*
ustedes	*Toma la segunda calle a la derecha.*
vosotros	*Mire las paredes de la catedral.*
tú	*Responda al teléfono.*
vosotras	*Observad la entrada a la iglesia.*
usted	*¡Vive tu vida!*

2. Haz frases en imperativo

1. tomar / tú / una tapa.   – *Toma una tapa.*

2. vosotras / leer / este libro.   – _____

3. ustedes / subir / primer piso.   – _____

4. tú / prestar atención / el precio de la fruta.   – _____

5. usted / seguir / por esta calle ancha.   – _____

6. vosotros / tomar / un café con leche.   – _____

7. tú / comprar / una falda rosa.   – _____

8. ustedes / abrir / la puerta.   – _____

9. tú / conducir / con cuidado.   – _____

10. usted / repartir / juguetes a los niños.   – _____

Amplía tu vocabulario

Para dar consejos u órdenes en forma negativa.

Cruzar	Leer	Abrir
No cruc-es (tú) No cruc-éis (vosotros/as) No cruc-e (usted) No cruc-en (ustedes)	No le-as (tú) No le-áis (vosotros/as) No le-a (usted) No le-an (ustedes)	No abr-as (tú) No abr-áis (vosotros/as) No abr-a (usted) No abr-an (ustedes)

Cruza	No cruces
Haz	No hagas
Ven	No vengas
Pide	No pidas
Vete (ir)	No vayas

Cruza la calle con cuidado.

No cruces la calle: pasan coches.

Abrid el libro por la página 10.

Ahora **no abráis** el libro.

Haz tus deberes.

No hagas eso; es peligroso.

Ven a verme el domingo.

No vayas al parque por la noche.

Pide la cuenta. Nos vamos.

No pidas la cuenta. Tomamos un café.

Practica

1. Responde según el modelo.

➡ ¿Cerramos las ventanas? • *Sí, cerrad las ventanas.*

1. ¿Volvemos en tren? – _____
2. ¿Lavamos la camisa? – _____
3. ¿Compro un número de lotería? – _____
4. ¿Preparo las maletas para el viaje? – _____
5. ¿Repartimos los regalos a los niños? – _____
6. ¿Hacemos un viaje a Perú? – _____
7. ¿Limpiamos la habitación? – _____
8. ¿Tomamos un café en el bar? – _____

Visita la ciudad

Sí, visítala, es muy bonita.

No, no la visites. Es aburrida y fea.

2. ¿Qué te parece? Da uno de los tres consejos del dibujo anterior.

1. ¿Me aconsejas leer «El Quijote»? – _____
2. ¿Me aconsejáis tomar leche para desayunar? – _____
3. ¿Es bueno comer helados de chocolate? – _____
4. ¿Me aconsejas tomar zumo de naranja? – _____
5. ¿Me aconsejáis visitar el Museo del Prado? – _____
6. ¿Me aconsejas visitar las ruinas de los mayas? – _____
7. ¿Es bueno tomar café por la noche? – _____

3. En parejas: cosas que hay que hacer en casa.

➡ Comprar el periódico • *Compra el periódico, por favor.*

1. Lavar la ropa. – _____
2. Sacar la basura por la noche. – _____
3. Hacer la cama. – _____
4. Limpiar la habitación. – _____
5. Preparar la comida. – _____
6. Dar de comer al perro. – _____

Observa y practica

Observa y practica: *e > ie; o > ue; e > i.*

Pensar	P<u>ie</u>nsa
Cerrar	C<u>ie</u>rra
Volver	V<u>ue</u>lve
Servir	S<u>i</u>rve
Pedir	P<u>i</u>de

1. Elige un consejo para cada situación.

Es la hora de comer.	¡Sirve la comida!
El semáforo está rojo.	¡No fumes!
Mañana hay un partido de fútbol.	¡No pienses en ello!
La habitación está desordenada.	¡Vuelve a casa!
Isabel tiene mucha sed.	¡No cruces la calle!
Hace frío.	¡Compra las entradas!
Tengo hambre.	¡Cierra la puerta!
No es bueno fumar.	¡Pide un bocadillo!
Isabel está muy preocupada.	¡Ordénala!
Son las fiestas de Navidad.	¡Pide un vaso de agua!

2. En parejas: Preguntad y responded según el modelo.

> ➡ *Me gusta hacer deporte.*   • *Pues haz deporte.*

1. Me gusta jugar al fútbol.
2. Me gusta volver pronto a casa.
3. Me gusta charlar con las amigas.
4. Me gusta navegar por Internet.
5. Me gusta vestir de color rosa.
6. Me gusta servir la comida a los niños.
7. Me gusta elegir el menú.
8. Me gusta pensar cuando estoy sola.

1. En grupos: escribid consejos para cada situación.

Estás de vacaciones en la playa y tus amigos están en la ciudad.	*¡Escribe una carta a tus amigos!* *¡Piensa en tus amigos!* _____ _____
En la tienda hay ropa que te gusta: una blusa amarilla, unos pantalones grises, unos zapatos modernos y una camiseta roja.	_____ _____ _____ _____
Estás cansado/a y quieres descansar.	_____ _____ _____
Es tu cumpleaños y quieres organizar una fiesta para los amigos y amigas.	_____ _____ _____
Eres joven y te gusta hacer deportes (gimnasia, jugar al fútbol, correr por el parque, ir por la montaña...)	_____ _____ _____ _____
Te gusta viajar y quieres visitar otros países y conocer gente.	_____ _____ _____

Observa

Tapear: *tomar tapas.*

Una tapa es una porción de comida que se sirve para acompañar la bebida, especialmente en bares o restaurantes.

En España es habitual tomar tapas siempre que se toma una bebida en bares o restaurantes fuera de las horas de comida. Las tapas más comunes son: aceitunas, trocitos de jamón, almendras, patatas fritas, trocitos de tortilla, etc. Pero cualquier alimento, en pequeñas cantidades, puede servirse como tapa.

Para hablar

1. Da instrucciones para ir de... a...

> *Estamos al lado de la iglesia. Para ir al ayuntamiento..., seguid/sigue por la calle...,*
> *luego girad/gira a la izquierda..., etc.*

Usa algunas de las palabras sugeridas.

Girar	*De frente*
Tomar	*Enfrente*
Seguir	*Detrás de*
Caminar	*A la izquierda*
Ir	*A la derecha*
Coger	*Junto a*
	Al lado de
	Cerca (de)
	Lejos (de)
	En

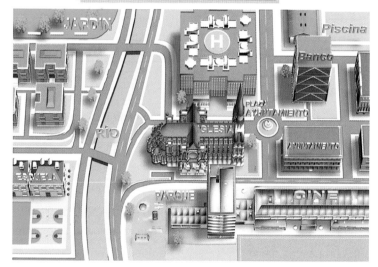

· 35

1. Escucha y repite.

Llevar, lleno, llamad, lluvia, llora, llegada, aquello, anillo, maravilloso, Sevilla, caballero, millones, pesadilla, allí, bello, cuchillo.

Ella asoma su cabeza por la ventanilla del tren.

El brillo de la luz del sol.

Le gusta especialmente el color amarillo de las hojas.

(Total de puntos: 70)

PISTA 30

A) Comprensión oral.

Escucha y anota V (verdadero) o F (falso). (15 puntos)
(Para realizar este ejercicio, escucha la pista 30)

	V	F
a) A Celia le gusta pintar cuadros.		
b) Yolanda no viene a la fiesta de Celia.		
c) A Celia le gusta celebrar su cumpleaños.		
d) El martes es el cumpleaños de Celia.		
e) Celia no quiere pastel de cumpleaños.		

B) Comprensión escrita.

1. ¿Qué frase de la derecha corresponde a cada frase de la izquierda? (10 puntos)

1. Esta mañana estoy cansado	a) han llegado tarde.
2. Hoy Luis está enfermo y	b) hemos hecho los exámenes en español.
3. Este año	c) ha habido una guerra en Asia.
4. Mis amigas	d) he jugado al fútbol con mis amigos.
5. Nuestro colegio no	e) ¿por qué no saludáis a la profesora.
6. Sois muy simpáticas, pero	f) se ha quedado en casa.
7. Es muy trabajador y	g) ha perdido ningún partido de fútbol.
8. Esta semana	h) ha hecho todos los deberes.
9. A María le encanta	i) los vestidos largos.
10. A mi madre le gustan	j) ir de compras.

2. Pon el texto con el dibujo que le corresponde. (5 puntos)

1. Tengo 13 años.
2. En el norte de México hay nubes y llueve poco.
3. ¿Abres la ventana?
4. –Ahí está Pepe
   –Pues llámalo.
5. –¿Has visto esta película?
   –No, no la he visto.

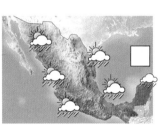

C) Expresión escrita.

1. Escribe una respuesta a estas preguntas. (5 puntos)

1. ¿Cuándo desayunas cada día? – _____

2. ¿Llueve a menudo en tu ciudad? – _____

3. ¿Te acuerdas de tus amigas? – _____

4. ¿Cuándo van los niños a dormir? – _____

5. ¿Has llamado hoy por teléfono a tus padres? – _____

2. Escribe una frase para cada dibujo. (10 puntos)

D) Gramática y vocabulario.

1. Completa con *lo/la/los/las*. (8 puntos)

1. Me gustan estas maletas. ¿____ compro?

2. Aquí vive Carmen. ¿Vamos a visitar____?

3. Carlos es mi amigo. ¿____ llamamos por teléfono?

4. El autobús pasa a las cinco. Vamos a perder____

5. Esta es mi ciudad. ¿Aún no ____ has visitado?

6. Necesito tus lápices de color. ¿____ tienes en tu cartera?

7. ¿Cuántos años tiene Enrique? ¿____ sabes?

8. Has comprado una guitarra. ¿No ____ tienes aquí?

2. Pon el verbo en el tiempo adecuado del pasado. (4 puntos)

1. A mí / gustar / el pastel. – _____

2. A ellas / encantar / vestido nuevo. – _____

3. A nosotros / gustar / correr por el parque. – _____

4. A ellos / encantar / salir de excursión. – _____

5. A María / encantar / estudiar español. – _____

6. A vosotros / gustar / escuchar música. – _____

7. A ti / encantar / estar solo. – _____

8. A nosotras / encantar / llevar pantalones. – _____

3. Relaciona todas las palabras de una columna con las palabras de la otra.
(5 puntos)

nieva	lluvia
llueve	calor
calor	buen tiempo
frío	mal tiempo
sol	poco agradable
nubes	nublado
aire	frío
agua	nieve
desierto	lluvia
diciembre	calor

4. ¿Qué frase de la izquierda corresponde a cada consejo u orden? (8 puntos)

El semáforo está en rojo.	¡No pienses en ello!
Mañana hay un partido de fútbol.	¡Vuelve a casa!
La habitación está desordenada.	¡No cruces la calle!
Isabel tiene mucha sed.	¡Compra las entradas!
Hace frío.	¡Cierra la puerta!
Tengo hambre.	¡Pide un bocadillo!
Isabel está muy preocupada.	¡Ordénala!
Son las fiestas de Navidad.	¡Pide un vaso de agua!

EL PESCADO ES MÁS CARO QUE LA CARNE

PISTA 36

1. Escucha esta conversación.

Pedro: Hoy es sábado y es día de compras.
Pilar: Sí, tenemos el frigorífico vacío. ¿Vamos al mercado?
Pedro: De acuerdo. Comprar en el mercado es más divertido.
Pilar: Y en algunas cosas también es más barato.

Vendedora: ¿Qué desea?
Pilar. Un kilo de carne, por favor.
Vendedora: ¿De esta o de aquella?
Pilar: De esta. Parece más fresca.
Vendedora: Las dos son igual de frescas, señora. Pero esta es más barata: está en oferta.

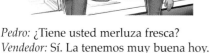

Pedro: ¿Tiene usted merluza fresca?
Vendedor: Sí. La tenemos muy buena hoy.
Pedro: ¿A cuánto está?
Vendedor: A 14 euros el kilo.
Pilar: ¡Qué cara! Es muy cara. Querría algo menos caro.
Vendedor: El salmón es más barato que la merluza: está a 9 euros el kilo.
Pedro: Entonces un kilo de salmón. En rodajas, por favor.

Pilar: Medio kilo de queso manchego, por favor.
Vendedora: ¿De cuál desea?
Pilar: De aquel. ¿Cuánto cuesta?
Vendedora: Está a 6 euros el kilo. Es más barato que el queso de Cabrales.

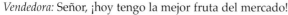

Vendedora: Señor, ¡hoy tengo la mejor fruta del mercado!
Pilar: ¿Compramos fruta?
Pedro: Sí, claro. ¿Naranjas?
Pilar: Me gustan más las manzanas que las naranjas.
Pedro: Entonces dos kilos de naranjas y dos kilos de manzanas. Las naranjas son mejores para el catarro.

PISTA 36

2. Escucha de nuevo y repite.

3. Lee el diálogo y responde.

a) ¿Por qué quiere ir Pilar a comprar al mercado?

b) ¿Por qué compran salmón y no merluza?

c) ¿Qué fruta le gusta más a Pilar?

d) ¿Cuánto cuesta el queso manchego?

e) ¿Cuántos kilos de carne compra Pilar?

Estudia y practica

La comparación

más _____ que menos _____ que igual (de) _____ que tan(to) _____ como	*El pescado es **más** caro **que** la carne.* *Las manzanas son **menos** caras **que** las naranjas.* *Esta carne es **igual** de buena **que** aquella.* *Esta carne es **igual que** aquella.* *Las peras son **tan** caras **como** las manzanas.*

1. Completa frases según el modelo.

> ➡ La carne es cara. / pescado   • *Sí, pero el pescado es más caro que la carne.*

1. Las naranjas son baratas. / manzanas   – _____
2. Este queso es fresco. / aquel queso   – _____
3. Estos edificios son nuevos. / estas casas   – _____
4. Este señor es simpático. / aquella señora   – _____
5. María es inteligente. / Lucía   – _____
6. Juanito es amable. / Ana   – _____
7. Estas sillas son cómodas. / aquellas sillas   – _____
8. Estas revistas son interesantes. / estos libros   – _____

2. Observa los precios de estos productos y haz frases.

> ➡ Las manzanas son menos caras que la leche   • *La carne es más cara que…*

Pescado
11,25 €

Leche
0,90 €

Queso
6,60 €

Plátanos
2,30 €

Patatas
1,10 €

Huevos
(docena)
2,30 €

Carne
8,35 €

Manzanas
1,90 €

Agua
0,40 €

Tomates
2,50 €

1. Las patatas son _____ baratas que _____
2. Las manzanas son _____ caras que _____
3. Los plátanos son más baratos que _____
4. Los huevos son _____
5. El agua _____
6. El queso _____
7. Los tomates _____
8. El pescado _____

Amplía tu vocabulario

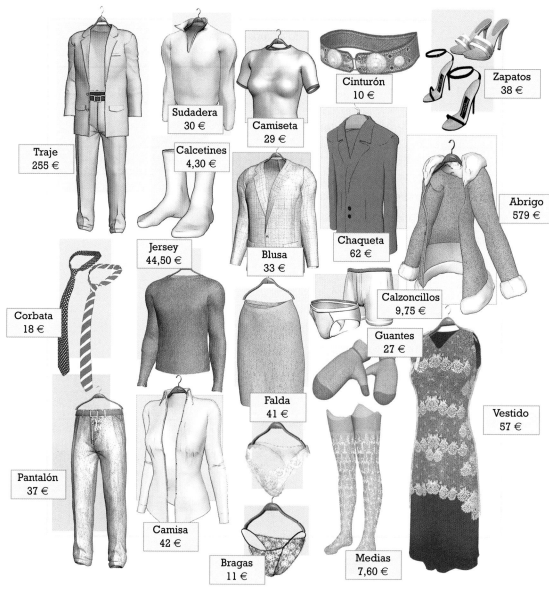

Traje
255 €

Sudadera
30 €

Camiseta
29 €

Cinturón
10 €

Zapatos
38 €

Calcetines
4,30 €

Chaqueta
62 €

Abrigo
579 €

Jersey
44,50 €

Blusa
33 €

Calzoncillos
9,75 €

Corbata
18 €

Guantes
27 €

Falda
41 €

Vestido
57 €

Pantalón
37 €

Camisa
42 €

Bragas
11 €

Medias
7,60 €

1. Mira los precios de la ropa y haz frases con una palabra de cada columna.

el	traje	es	*más*	cara/o	*que*	la chaqueta
la	cinturón	son	*menos*	caras/os	*como*	el abrigo
esta	calcetines		*tan*	barata/o		la falda
este	guantes		*igual*	baratas/os		la blusa
estos	corbata		*muy*	bueno/a		la camiseta
estas	jersey			buenos/as		las bragas
	medias					los calzoncillos
	pantalón					la camisa
	vestido					los zapatos

Anímate y habla

Algunas formas para comparar son irregulares:

Bueno > **mejor** *(más bueno)*	Pequeño > **menor** *(más pequeño)*
Malo > **peor** *(más malo)*	Grande > **mayor** *(más grande)*

*Esta radio antigua es **buena**.*

*Pero esta radio digital es **mejor**.*

*Esta imagen es **mala**.*

*Pero esta imagen es aún **peor**.*

1. ¿Qué es *bueno, malo, mejor o peor*?

➡ Caminar es bueno.   • *Pero hacer deporte es mejor.*

1. Vivir en la ciudad / Vivir en el campo – _____
2. Vivir solo / Vivir con los padres – _____
3. Comer carne / No comer carne – _____
4. Beber mucha agua / Beber poca agua – _____
5. Ir en coche / Ir a pie – _____
6. Ver la televisión / Escuchar la radio – _____
7. Leer mucho / Leer poco – _____
8. Hacer deporte / No hacer deporte – _____

2. Responde.

1. ¿Es bueno tu libro? – *Sí, pero el tuyo es mejor.*
2. ¿Es buena tu bicicleta? – _____
3. ¿Es pequeña tu camiseta de verano? – _____
4. ¿Son buenos vuestros discos? – _____
5. ¿Es bueno vuestro cuadro nuevo? – _____
6. ¿Son malos mis consejos? – _____
7. ¿Es grande tu consola de videojuegos? – _____
8. ¿Son buenas nuestras faldas? – _____

Observa y aprende

*Este elefante es **grande**.*   *Ese elefante es **más grande**.*   *Aquel elefante es **el más grande***

*Esta casa es **alta**.*   *Esa casa es **más alta**.*   *Aquella casa es **la más alta** (de todas)*

En grupos: haced comparaciones.

➡ *Madrid es más/menos interesante/bonita… que…*
• *Pero Tokio es la ciudad más grande/moderna…*

Ciudades: Madrid – París – Tokio…	¿Grande, pequeño/a, moderno/a, bonito/a, interesante?
Países: China – Rusia – Alemania – España…	Más habitantes, menos habitantes, grande, pequeño/a, rico/a, industrial
Gente: japoneses – ingleses – italianos…	Simpáticos/as, amable/es, alegre/es, serios/as
Alimentos: fruta – carne – pescado…	Bueno/a, malo/a, mejor/peor, sano/a
Actividades: caminar – hacer deporte – descansar…	Mejor/peor, sano, agradable

tan… como…

El vestido de Laura es elegante.
Pues mi vestido es **tan** *elegante* **como** *el de Laura.*

El ordenador de Carlos es nuevo.

La guitarra de Marta es buena.

El color de su blusa es claro.

El pelo de Lucía es rubio.

El pantalón de Andrés es corto.

El piso de Alberto es grande.

El español de Carla es muy bueno.

Los guantes de Teresa son calientes.

El móvil de Paco es barato.

El precio de las cosas

–¿Cuánto cuesta este abrigo?	–(El abrigo cuesta) 184 euros.
–¿A cómo están las manzanas?	–(Las manzanas están) A 1,80 euros el kilo.
–¿A cuánto está la carne?	–(La carne está) A 9,50 euros el kilo.

Responde a estas preguntas según el modelo.

¿A cuánto/A cómo están los plátanos? / 2,5 € Kg – *A dos euros y medio el kilo.*

1. ¿A cómo están los tomates? / 2,60 € Kg   – _____
2. ¿A cuánto está la leche? / 0,85 € L   – _____
3. ¿A cuánto está la carne? / 11,35 € Kg   – _____
4. ¿A cómo está el salmón? 7 € Kg   – _____
5. ¿A cómo está la merluza? 9,75 € Kg   – _____
6. ¿A cuánto están las naranjas? 1,40 € Kg   – _____
7. ¿A cómo está este queso? 6,70 € Kg   – _____
8. ¿A cómo están las patatas? 1,90 € Kg   – _____

Observa

De América son: *las patatas, los tomates, el chocolate.*

La patata es un alimento muy popular en Europa y en muchas partes del mundo.

En España se dice:	En América, según los países, se suele decir:
patata	*papa*
pimiento	*ají dulce, chile*
zumo (de naranja)	*jugo (de piña)*
fresa	*frutilla*
plátano, banano	*banana*
piña	*ananás*

Para hablar

¿Qué quieres comprar?

La «ch»

La **«ch»** tiene un sonido similar al del italiano en «pace» o al de la «ch» inglesa en «church»:

Chico, muchacha, hecho, Chile, chévere.

3>

2. Escucha y repite.

Chile, hecho, charlar, chocar, chillido, hacha, fecha, mucho, luchar, muchacho, manchego, chulo, cosecha, anoche, escuchad, China, techo, echar, ocho.

Noche tras noche llega tarde a su choza.

El machismo es enemigo de la convivencia.

El pastel está para chuparse los dedos.

El armario está a su derecha.

GANARÁS MUCHO DINERO Y SERÁS FELIZ

1. Escucha tu futuro.

Sagitario

En los asuntos económicos te irá muy bien. Incluso tendrás suerte en tu trabajo, con aumento de sueldo y regalos de personas amigas y desconocidas. Tu pareja necesitará ayuda en los próximos días: ayúdale.

Piscis

Tu vida privada se enfrentará a peligros. Tus amigos y tu familia querrán detener tu actividad y harán todo lo posible para detener tu amor impetuoso. Pero, ¿cuándo dejará Piscis de ser atrevido en el amor?
Tu número de la suerte de hoy: 54.
Tu color de hoy: amarillo.
Tu hora de la suerte hoy: 4 de la tarde.

Virgo

Eres modesto y muy meticuloso, trabajador, organizado y práctico, analítico, inteligente y poco pretencioso. Pero hoy serás negativo, te enfadarás y perderás algunas amigas.
¿Qué puedes regalar a una Virgo? Un organizador electrónico. Velas y copas de cristal. Un mantel nuevo, una vajilla, un adorno de buen gusto.

Tauro

Hoy deberás ser paciente, tierno y amoroso. La suerte te acompañará durante la mañana: encontrarás amigos y amigas nuevos y te perdonarán tus deudas. Encontrarás un nuevo trabajo. Pero, ¡atención! ¡Ten cuidado! La suerte cambiará por la tarde. A partir de las dos, te quedarás en casa y verás una película.
¿Qué puedes regalar a un Tauro?
Un butacón para sentarse a ver la televisión. Un vale para comprar cosas en una tienda. Una planta exótica.

2. Escucha de nuevo y repite.

3. Lee el diálogo y responde.

a) ¿Qué puede esperar Sagitario en su trabajo?

b) ¿Qué le ocurrirá a Piscis en su vida privada?

c) ¿Cómo será Virgo hoy?

d) ¿Tendrá Tauro trabajo?

e) ¿Qué deberá hacer Tauro por la tarde?

Hacer referencia al futuro: Todos los verbos tienen las mismas terminaciones para el futuro.

	Dejar-	Perder-	Ir-	(terminaciones)
(yo) (tú) (él, ella)	dejar-é dejar-ás dejar-á	perder-é perder-ás perder-á	ir-é ir-ás ir-á	-é -ás -á
(nosotros/as) (vosotros/as) (ellos, ellas)	dejar-emos dejar-éis dejar-án	perder-emos perder-éis perder-án	ir-emos ir-éis ir-án	-emos -éis -án

1. **Aquí hay algunas formas verbales regulares del futuro. Asocia cada una de ellas a la persona que corresponda:**

yo tú él ella ello nosotros nosotras vosotros vosotras ellos ellas	*Te irá bien.* *¿Qué regalarás a una Virgo?* *Tus amigos y tu familia querrán detener tu actividad.* *Y harán todo lo posible para detener tu amor.* *Pero, ¿cuándo dejará Piscis de ser atrevido?* *Hoy no seré negativo.* *Tu pareja necesitará ayuda.* *Tu vida se enfrentará a peligros.* *Te enfadarás.* *Perderéis algunos amigos.* *Hoy deberás ser paciente.* *Te ayudaremos en todo.* *Encontrarás amigos y amigas.* *Y te perdonarán tus deudas.* *Encontraréis un nuevo trabajo.* *La suerte cambiará por la tarde.* *A partir de las dos, te quedarás en casa.* *Y veremos una película.*

2. **Responde a estas preguntas:**

1. ¿Necesitaréis ayuda para aprender español? – _____

2. ¿Cuántas veces llamarás hoy por teléfono? – _____

3. ¿Pintarás tu habitación este año? – _____

4. ¿A qué hora verás la televisión? – _____

5. ¿Estudiarán tus amigas contigo? – _____

6. ¿Iréis a ver el partido de fútbol? – _____

7. ¿Perderá el Real Madrid la copa del mundo? – _____

8. ¿Escribiréis alguna carta en vacaciones? – _____

Observa y aprende

Formas irregulares del futuro:

Poder	Tener	Haber	Salir	Querer	Hacer	Saber
Pod-r-é	Tend-r-é	Hab-r-á	Sald-r-á	Quer-r-á	Ha-r-á	Sab-r-á

Carmen **viajará** en avión.

Luisa **saldrá** tarde del trabajo.

Marisol no **podrá** venir este fin de semana.

No **sabré** qué decir ante el juez.

¿**Querrás** venir conmigo al cine?

Tus tíos ya **habrán** llegado.

Vendrán con nosotros a la ciudad.

No **diréis** nada a la policía.

Haré lo imposible por ver tu actuación.

¿**Pondrás** parte de tu dinero?

1. ¿Quién / Quiénes...?

_____ saldrá tarde?	_____ viajará en avión?
_____ no podrá venir?	_____ habrán llegado?
_____ hará lo imposible?	_____ vendrá con nosotros?
_____ no dirán nada a la policía?	_____ querrá venir con nosotros?
_____ pondrá dinero?	_____ no sabré qué decir ante el juez.

Practica

1. Relaciona cada forma verbal con el pronombre que le corresponde.

	vendremos
	saldrás
	vendréis
yo	saldré
tú	irá
ella/él	querrán
nosotros/as	podré
vosotros/as	sabremos
ellos/ellas	podrán
	harás
	vendrá
	iréis

2. Completa estas frases con el verbo en futuro.

1. Mañana por la mañana Luis (*salir de casa*) _____ a las ocho.

2. En las próximas Navidades mis amigos (*venir a ver*) _____ a sus abuelos.

3. En vacaciones mi hermana y yo (*ir a España*) _____ .

4. El viernes próximo (*poder salir, nosotros*) _____ con mis amigas.

5. En verano (*hacer, yo*) _____ todo lo posible por acompañarte.

6. El próximo año todos nosotros (*haber acabado*) _____ los estudios en la universidad.

7. El mes que viene, mi amiga (*hacer un viaje*) _____ a Madrid.

8. La próxima semana (*ir de excursión, yo*) _____ a la montaña.

3. Escribe frases ordenando los elementos adecuadamente.

1. Marisol – vendrán – Marta – la – no – y – a – fiesta

_____

2. lo – pero – podré – siento – no – ayudarte

_____

3. semana – iremos – que – playa – la – viene – todos – a

_____

4. Pedro – su – me – cumpleaños – invitará – a

_____

5. bebida – ellos – y – comprarán – comida – la – la

_____

6. junio – ya – en – hablar – sabrás – español

_____

7. nunca – padres – hecho – han – conocerán – sus – lo – que – por ellos

_____

8. tu – regalar – querrá – algo – sus primos – a – hermana

_____

Aprende y practica

Otras formas para referirse al futuro:

1. **Completa las frases siguientes con palabras del recuadro.**

> van a – quiere ser – será – va a – quiere – estudiará – serán – empezarán a

1. Mi amiga _____ ser cantante de ópera.
2. Marta _____ azafata de avión.
3. Inés _____ periodista.
4. Ana e Isabel _____ abogadas.
5. Pedro _____ para ser ingeniero.
6. Ignacio _____ ser taxista.
7. Mis amigas _____ trabajar el mes que viene.
8. Pues mis primos _____ estudiar para ser periodistas.

2. **Completa estas frases.**

1. Esta tarde he salido con Ana, mañana _____
2. Hoy he podido pagar la comida, mañana _____
3. Este mes he vivido con mis padres, el mes que viene _____
4. Esta semana han comprado dos regalos, pero la semana que viene _____
5. Hoy han visto la película en mi casa, pero el sábado próximo _____
6. Este año he acabado mis estudios y el año que viene _____
7. Esta vez te he avisado del peligro, pero la próxima vez _____
8. Este domingo habéis dormido en mi casa, pero el lunes próximo _____

Anímate y habla

1. a) Lee este horóscopo.

Salud

La gripe está por todas partes, pero tú no estás afectado. Has empezado el nuevo curso con buena salud. Para mantenerla, es muy bueno tomar zumos de naranja y, mejor todavía, no pasar frío.

Dinero

Has gastado mucho dinero durante el fin de semana. Has visto a tus amigos y amigas y has ido de fiesta con todos ellos. Pero todavía puedes ahorrar y así llegar a fin de mes con algún euro en tu bolsillo.

Amor

El año va bien. Tus relaciones con las chicas también. Pero si ya tienes novia, es mejor no hacer tonterías. No te diviertas solo. Diviértete con tu compañera. La vida es larga, pero la amistad y el amor pueden acabar en poco tiempo.

b) Ahora di lo mismo, pero en futuro.

La gripe estará _____

_____

_____

_____

_____

_____

_____

2. Responde según el modelo.

1. ¿Vas a llamar a Juan por teléfono?   – *Sí, voy a llamarlo. Lo llamaré*

2. ¿Vas a saludar a tu profesor?   – _____

3. ¿Vais a tomar el bocadillo?   – _____

4. ¿Vas a pintar esos paisajes?   – _____

5. ¿Deseas felicitar a tus padres?   – _____

6. ¿Preferís esperar a vuestros hermanos aquí? – _____

7. ¿Compramos esta película en DVD?   – _____

8. ¿Vamos a tomar un helado?   – _____

1. Completa los verbos con las terminaciones del verbo en futuro.

1. Juan cumplir___ 23 años.
2. (*ellos*) Llegar___ a Tokio por la mañana.
3. Estas Navidades (*yo*) ir___ a Colombia.
4. Marisa y Teresa no vendr___ a la fiesta.
5. En el 2018 (*nosotros/as*) empezar___ los estudios en la universidad.
6. Lo siento, pero (*yo*) no podr___ comprar esa bicicleta.
7. ¡Estudia! La profesora preguntar___ la lección.
8. A final de curso (*vosotros/as*) sabr___ hablar español.

2. Clasifica las siguientes oraciones en dos bloques: *a*) las que expresan tiempo presente (P) o *b*) las que expresan tiempo futuro (F).

1. Tengo 16 años y estudio bachillerato. ____
2. Haremos escala en Lima para luego ir a Santiago de Chile. ____
3. Habrá mucha gente en la fiesta. ____
4. Pronto podremos viajar al espacio. ____
5. El jueves próximo pienso ir al cine con Julia. ____
6. Luis querrá venir con nosotros. ____
7. Estoy en casa con unos amigos. ____
8. Van a llegar esta noche muy tarde. ____
9. Me gusta leer libros de ciencia ficción. ____
10. Todos tus sueños se harán realidad. ____

3. ¿Qué palabra no está relacionada con el conjunto?

1. hará, tendrá, querer, podremos, sabréis
2. taxista, ingeniero, médico, cantante, ópera
3. días, mes, futuro, año, hora
4. colegio, clase, lección, vacaciones, libro
5. iglesia, universidad, calle, supermercado, farmacia
6. segundo, doce, quinto, primero, octavo
7. camión, autobús, bicicleta, coche, barco

Para hablar

1. ¿Qué piensa hacer Ramón y qué hará?

A. _____

B. _____

A. _____

B. _____

A. _____

B. _____

A. _____

B. _____

A. _____

B. _____

A. _____

B. _____

A. _____

B. _____

La «h»

La «h» nunca se pronuncia en español. No tiene valor fonético ni está asociada a ningún sonido:

Hacer, hecho, huerto, ahora, ¡ah!

---

2. Escucha y repite.

Chico, muchacha, hecho, Chile, ch

Hacer, hecho, huerto, ahora, ¡ah!, hasta, hay, haber, humano, ahuyentar, hablan, hacia, hombres, historia, hijo, hermano.

Los jóvenes han visitado La Habana.

Han vivido mucho tiempo en Hispanoamérica.

Hoy no hay nada en esta habitación.

AYER FUI A UN CONCIERTO

1. Escucha esta conversación.

Carlos: Hoy llegas tarde. ¿Dónde has estado?
Rafael: Me he dormido. Ayer fui a un concierto y llegué tarde a casa.
Carlos: ¿A qué concierto fuiste?
Rafael: Al concierto de los «Cabezas Rapadas». Están de moda.

Carlos: ¿Fue divertido?
Rafael: Fue divertidísimo. Cantaron todas sus canciones famosas.
Y el público estuvo muy animado.
Carlos: ¿Fue mucha gente?
Rafael: Sí, muchísima. Y casi todos jóvenes, chicos y chicas de
quince a veinte años. Yo me sentí «viejo» entre ellos.

Carlos: ¿Fuiste solo?
Rafael: No. Fui con unos amigos de clase. Ya sabes, David, Santiago y Luis.
Carlos: ¿Y a todos les gustó el conjunto?
Rafael: Bueno, a Luis no le gustaron mucho sus canciones. Él prefiere otro tipo
de música. Pero David y Santiago salieron muy contentos. A la salida
compraron dos de sus discos.

Rafael: Y pasó algo muy divertido. Durante el concierto subió
una chica, una fan, al escenario.
Carlos: ¿Y qué pasó? ¿Qué hizo?
Rafael: Pues empezó a cantar con ellos y a bailar a su ritmo.
Carlos: ¿Y no la sacaron del escenario?
Rafael: No, no. Ellos mismos dejaron de cantar y acabó la
canción ella sola. ¡Ella sola! Cantó muy bien. Y cuando
acabó, uno de ellos se quitó la camiseta y se la dio a ella.
La chica se echó a llorar de emoción. Y todos la
aplaudieron. Nunca he visto algo igual.

2. Escucha de nuevo y repite.

3. Lee el diálogo y responde.

a) ¿Por qué ha llegado tarde Rafael?

b) ¿Con quién fue Rafael al concierto?

c) ¿Gustó a todos el concierto?

d) ¿Qué cosa rara ocurrió durante el concierto?

e) ¿Qué hicieron los cantantes cuando acabó de cantar la chica?

Escucha, lee y observa

Para referirnos a hechos pasados se usan varios tiempos verbales. Uno de ellos es el pretérito indefinido

	Hablar	Romper	Vivir
(yo) (tú) (él, ella)	Habl-é Habl-aste Habl-ó	Romp-í Romp-iste Romp-ió	Viv-í Viv-iste Viv-ió
(nosotros/as) (vosotros/as) (ellos, ellas)	Habl-amos Habl-asteis Habl-aron	Romp-imos Romp-isteis Romp-ieron	Viv-imos Viv-isteis Viv-ieron

 HACE DOS AÑOS

 EL MES PASADO

 EL AÑO PASADO

 AYER

En 1492 descubrimos América.

1. Relaciona cada forma verbal con el pronombre que le corresponde.

yo tú él/ella nosotros/as vosotros/as ellos/as	lloraron gritamos envié canté vivió recibieron	rompiste viví cantasteis dejó ayudé comiste	habló quedamos ayudaron rompimos viviste recibí

2. Sustituye el verbo en presente por el pretérito indefinido.

1. Carlos *llega* tarde al trabajo.

2. A Carlos *le gustan* los «Cabezas Rapadas».

3. David y Santiago *compran* dos de sus mejores discos.

4. Laura *vive* con sus padres durante el invierno.

5. Una chica del público *sube* al escenario.

6. Los jóvenes *cantan y bailan* durante horas y sin parar.

Amplía tu vocabulario

En el colegio **jugó** al baloncesto.

De joven **perteneció** a un grupo de teatro

En la playa **conocieron** nuevos amigos.

De niños **tocasteis** la flauta.

Algunos **rompieron** las camisetas de los cantantes.

Muchas **lloramos** en el concierto.

Rellenaron el formulario de matrícula.

Luisa **fue** sola a pasear.

Sacó un caramelo y se lo **dio** al niño.

Llovió mucho aquella noche.

¿Qué verbos de las frases anteriores corresponden a cada persona?

Yo: _____ Tú: _____
Él/ella: _____ Nosotros/as: _____
Vosotros/as: _____ Ellos/as: _____

Anímate y habla

1. ¿Qué hizo Laura durante el día?

Laura _____ _____

_____ _____

_____ _____

_____ _____

_____ _____

Practica

1. Responde según el modelo.

> ➡ Hoy llego al colegio a las 9.   • *Ayer llegué al colegio a las 9.*

1. Hoy compro un regalo para mi madre.   – _____
2. Hoy como con mis amigas en el colegio. – _____
3. Hoy vemos a nuestros tíos del Perú.   – _____
4. Hoy leemos la última novela de Cela.   – _____
5. Hoy vuelvo pronto del trabajo.   – _____
6. Hoy te acompaño a casa.   – _____

Hoy, este año, esta semana...	Ayer, el año pasado, anoche, la semana pasada...
He ido con mi hermana al concierto. *Hemos estudiado* español.	*Fui* al concierto con mi hermana. *Estudié* español durante cuatro horas.

2. Anota si cada frase se refiere al presente o al pasado.

	Presente	Pasado
1. Ayer encontramos a nuestro profesor de español en el parque.		
2. Hoy cenamos con nuestros amigos.		
3. El viernes pasado llegamos tarde a clase.		
4. En este momento no podemos responder.		
5. Viven todos en la ciudad desde 1999.		
6. Vivimos en el campo durante cinco años y allí seguiremos en el futuro.		
7. El año pasado recibimos vuestros regalos con gran alegría.		
8. Salimos de casa muy temprano pero no llegamos a tiempo.		

3. Completa con formas del indefinido o del pretérito perfecto.

1. Ayer (*yo; encontrar*) _____ a tus primos en el colegio.
2. Hace una semana (*nosotros; salir*) _____ a dar un paseo por la ciudad.
3. Hoy (*nosotras; ver*) _____ una película muy divertida.
4. Este año (*llover*) _____ poco en el campo.
5. Anoche mi hermana (*volver*) _____ muy tarde a casa.
6. La semana pasada os (*divertir*) _____ mucho en el concierto.
7. El año pasado mis padres te (*pagar*) _____ un curso de español en España.
8. Hace dos días (*yo; recibir*) _____ tu carta de felicitación.

Observa y practica

Algunos verbos tienen formas irregulares en el pretérito indefinido.

HACER	hice, hiciste, hizo, hicimos, hicisteis, hicieron
OÍR	oí, oíste, oyó, oímos, oísteis, oyeron
TENER	tuve, tuviste, tuvo, tuvimos, tuvisteis, tuvieron
HABER	hube, hubiste, hubo, hubimos, hubisteis, hubieron
ESTAR	estuve, estuviste, estuvo, estuvimos, estuvisteis, estuvieron
IR	fui, fuiste, fue, fuimos, fuisteis, fueron
SER	fui, fuiste, fue, fuimos, fuisteis, fueron
PODER	pude, pudiste, pudo, pudimos, pudisteis, pudieron
PONER	puse, pusiste, puso, pusimos, pusisteis, pusieron
TRAER	traje, trajiste, trajo, trajimos, trajisteis, trajeron

1. Relaciona las formas verbales de cada columna.

a) ir   1) vi
b) estar   2) tuve
c) oír   3) hice
d) hacer   4) oí
e) tener   5) fui
f) ser   6) estuve
g) ver   7) fui
h) traer   8) pusieron
i) poner   9) trajimos

2. Responde:

1. ¿Hubo un concierto en la ciudad la semana pasada? – _____

2. ¿Pusiste tú esos libros sobre el sofá? – _____

3. ¿Estuvieron los niños en casa de sus tíos? – _____

4. ¿Oíste bien lo que dijo el profesor? – _____

5. ¿Verdad que hice todo lo que me mandaste? – _____

6. Di la verdad, ¿Fuiste tú quien lo hizo? – _____

3. Ordena la vida de esta persona y pon el verbo en pasado.

1. (estudiar) en la universidad en Salamanca. – _____

2. (nacer) en 1975. – _____

3. (ir) a vivir a Málaga en 1982. – _____

4. (aprender) a leer en una escuela pequeña. – _____

5. (empezar) a trabajar a los 25 años. – _____

6. (hacer) un curso de especialización en economía. – _____

7. (trabajar) como gerente en una empresa. – _____

8. (ir) a la escuela secundaria en Granada. – _____

9. (permanecer) 5 años en la empresa. – _____

10. (estar) en un pueblo pequeño durante 4 años. – _____

Hace +

Llegaron de México **hace** una semana.

Hace un año fue mi cumpleaños.

¡Ya te di cien euros **hace** dos días!

1. Escribe frases según el modelo.

> ➡ La semana pasada compraron tomates en el mercado.
> • *Hace una semana compraron tomates en el mercado.*

1. El mes pasado fueron al teatro.   – _____
2. La semana pasada estuvieron los «Cabezas Rapadas» en la ciudad.   – _____
3. El año pasado hizo un viaje a Madrid.   – _____
4. El mes pasado visitamos a nuestros abuelos.   – _____
5. El año pasado encontraron entradas para ver el museo.   – _____
6. El mes pasado no vinieron muchos turistas.   – _____

2. Lee, observa y resuelve el siguiente problema.

5,20 €/kg

2,00 €/kg

6,25 €/kg

4,90 €/kg

1,40 €/kg

2,00 €/docena

175 €/1

Luis fue al mercado con 150 euros. Compró 4 kg de manzanas, 2 kg de tomates, 5 kg de naranjas, 1 ¹/² kg de queso, un pollo de 2 kg y 3 kg de patatas.

¿Cuánto dinero gastó?   – _____

¿Con cuánto dinero volvió a casa?   – _____

> **Observa**
>
> Los huevos se venden por docenas
> El agua y la leche, por litros
> Las patatas, las naranjas, etc., por kilos

Para hablar

1. ¿Qué hicieron...?

La «x»

La **«x»** representa dos sonidos seguidos: **«k+s»:**

Texto, existencia, explicar, México, exclusivo.

2. Escucha y repite.

Texto, existencia, explicar, México, exclusivo, taxi, expresar, exigir, éxito, exhibición, existir, extremo, sexo, reflexión, extraño.

Los extremismos son un peligro para la sociedad.

El oxígeno es necesario para la existencia del hombre.

El próximo gobierno exigirá más ahorro.

POR LA MAÑANA IBA A LA PLAYA

PISTA 42

1. Escucha esta conversación.

Manolo: ¿Dónde estuviste ayer? No te vi en la fiesta de Ricardo.
Clara: No estaba en la ciudad. He estado unos días de viaje.
Manolo: ¿Y cómo te ha ido? ¿Lo has pasado bien?
Clara: Estupendamente. Estuve con unas amigas en la playa.
    ¿Y tú, qué tal?
Manolo: Pues yo, normal. He ido a clase todos los días.

Clara: Yo no he ido a clase, pero he estudiado todos los días. Por la mañana
    un rato a la playa. Y por la tarde me quedaba en casa. Mis amigas sa
    y yo me quedaba sola.
Manolo: ¿Y no te has aburrido?
Clara: No tenía tiempo para aburrirme. Tenía que preparar dos trabajos, ur
    de historia y otro de lengua española, y he acabado los dos.

Manolo: ¡Qué trabajadora! Yo no he podido trabajar tanto. Tenía a mis
    primos en casa y por la tarde los acompañaba por la ciudad.
Clara: O sea, que no te quedaba mucho tiempo libre...
Manolo: No, no mucho. Además, he ido todos los días al parque a
    correr durante una hora.

Clara: Pero has cogido todos los apuntes de clase, ¿no?
Manolo: Sí, claro. Menos la clase de Historia del Arte: el
    profesor estaba enfermo y no hemos tenido clase.
Clara: ¿Cuándo puedo pasar por tu casa y me los das?
Manolo: No te preocupes. Mañana los traigo y haces una
    fotocopia tú misma.
Clara: Gracias, Manolo. Eres mi mejor amigo.

PISTA 42

2. Escucha de nuevo y repite.

3. Lee el diálogo y responde.

a) ¿Dónde estaba Clara el día de la fiesta?

b) ¿Qué hacía Clara por la mañana?

c) ¿Qué hacía Manolo cada día?

d) ¿Por qué no venía a clase el profesor de Arte?

e) ¿Tiene Manolo los apuntes para Clara?

Pretérito imperfecto

Para expresar tiempo pasado, el español usa varios tiempos verbales: el pretérito perfecto, el indefinido y el **imperfecto**.
El **imperfecto** se usa especialmente para *narrar* hechos pasados.

Formas del imperfecto

	Estudiar	Correr	Salir
(yo) (tú) (él, ella)	estudi-aba estudi-abas estudi-aba	corr-ía corr-ías corr-ía	sal-ía sal-ías sal-ía
(nosotros/as) (vosotros/as) (ellos, ellas)	estudi-ábamos estudi-abais estudi-aban	corr-íamos corr-íais corr-ían	sal-íamos sal-íais sal-ían

Observa

Las terminaciones de la segunda y tercera conjugación son iguales en el imperfecto.

1. Relaciona cada pronombre con la frase que le corresponde.

tú	*Acompañábamos a nuestros primos.*
ella	*Estabais en la ciudad.*
nosotros	*Compraban ropa en la tienda.*
vosotras	*Corría todos los días una hora.*
yo	*Paseaban por la ciudad.*
ellos	*Salíais los sábados.*
nosotros	*Estaba sola en casa.*
vosotros	*Estábamos en la playa.*
él	*Estudiabais dos horas al día.*
tú	*Prestaba sus apuntes de clase.*
vosotras	*Trabajabas por la tarde.*
ellas	*Pedías ayuda a los amigos.*

2. Haz preguntas según el modelo.

1. Estudias por la tarde.   – *¿Estudiabas por la tarde?*

2. Es el mejor amigo de la clase.   – _____

3. Trabajan en el supermercado de la ciudad.   – _____

4. Manolo presta sus apuntes a Clara.   – _____

5. La profesora lee un capítulo de la novela.   – _____

6. Vienen de parte de un amigo.   – _____

7. Hacemos deporte todos los sábados.   – _____

8. Los cantantes venden muchos discos.   – _____

Amplía tu vocabulario

Luisa **pasaba** sus vacaciones en la playa.

Juan **fregaba** el suelo de su piso.

Laura **barría** la casa todos los días.

María **quitaba** el polvo de los muebles.

Marta **hacía** la cama.

La señora **lavaba** la ropa.

David **arreglaba** las sillas rotas.

Ana **planchaba** la ropa.

Carmen **ordenaba** la habitación.

La mamá **peinaba** a su hijo pequeño.

Anímate y habla

1. Haz preguntas a tu compañero/a.

Di qué hacías antes:

¿Qué haces *ahora* (con 35 años)?	¿Qué hacías *antes* (a los 19 años)?
Me levanto a las 7 de la mañana	**Me levantaba** a las 8.
Tengo un coche grande.	_____
Estoy casada.	_____
Tengo 3 hijos.	_____
Trabajo de abogada en una empresa.	_____
Voy de compras todos los sábados.	_____
Voy de vacaciones con mi marido.	_____
Viajo a menudo en avión.	_____
Tengo poco dinero.	_____
Tengo poco tiempo libre.	_____
A veces como en restaurantes caros.	_____

2. ¿Qué frase de la derecha corresponde a cada frase de la izquierda?

1. Ahora estudio inglés,
2. Este año hago ballet,
3. Ahora toco la guitarra,
4. Ahora tengo tiempo libre,
5. Ahora soy profesor,
6. Ahora es muy simpática y alegre,
7. Ahora barren solo la habitación,
8. Ahora colabora con una ONG,

a) pero antes estaba muy ocupada.
b) pero antes pertenecía a un grupo de teatro.
c) pero antes tocaba el piano.
d) pero antes estudiaba español.
e) pero antes era aburrida.
f) pero el año pasado hacía gimnasia.
g) pero antes era alumno.
h) pero antes fregaban toda la casa.

3. Completa las frases con verbos del recuadro.

> olvidaba - comprábamos - tenía - pasaba – estaban - había - gustaba - costaba

1. En el mercado las patatas _____ muy caras.

2. El mes pasado la leche _____ a 70 céntimos de euro.

3. Antes _____ el pescado en el puerto.

4. Llegué pronto, pero no _____ nadie en casa.

5. Amalia _____ un móvil nuevo en su bolso.

6. Su marido _____ todos los años el día de su cumpleaños.

8. La cantante _____ poco tiempo en casa.

8. A ella le _____ peinar a sus hijas.

Observa y practica

Algunos verbos tienen formas irregulares en la raíz, pero las terminaciones no varían

> **Ser**: *era, eras, era, éramos, erais, eran*
> **Ir**: *iba, ibas, iba, íbamos, ibais, iban*
> **Ver**: *veía, veías, veía, veíamos, veíais, veían*

> *Julio* nunca *iba al mercado.*
> *Julio* no *iba* nunca *al mercado.*

–¿Has viajado a México?
–No, **nunca** he viajado a México
–No, **no** he viajado **nunca** a México

–¿Quitabais el polvo del mueble?
_____
_____

–¿Rompisteis este juguete?
_____
_____

–¿Arreglaste la radio?
_____
_____

–¿Viste el partido de fútbol?
_____
_____

–¿Han hecho sus maletas?
_____
_____

–¿Hablabas con tu vecina?
_____
_____

–¿Has cerrado la puerta con llave?
_____
_____

Observa y practica

Para hacer preguntas

> ➡ Clara está de vacaciones. • *¿Quién está de vacaciones?*
> ➡ Clara compró un regalo.. • *¿Qué compró Clara?*

> ¿**Quién** ha roto el cristal?

> ¿**Qué** es la Unión Europea?

1. Haz preguntas.

1. La abuela escucha la radio.   – *¿Quién escucha la radio?*
2. Mi tía siempre traía muchos regalos.   – _____
3. Mi padre trabajaba hasta las 8.   – _____
4. Los niños ven demasiada televisión.   – _____
5. La joven no está interesada en política. – _____
6. Carmen estudiaba por la noche.   – _____
7. Luis camina por la calle Mayor.   – _____
8. La profesora siempre llegaba a las 9.   – _____

2. Haced frases según el modelo.

> ➡ He recibido un regalo. • *¿Qué has recibido?*

Cosas, objetos	Verbos que puedes usar
Un televisor	*Recibir*
Una bicicleta	*Comprar*
Un disco de música clásica	*Ver*
Una caja de bombones	*Leer*
Una carta de mis padres	*Escuchar*
Un mensaje	*Arreglar*
Una novela en español	
Su ropa	
Una película	
Las noticias del día	

Se usa el **imperfecto** para señalar una oración o acción ocurrida en el pasado, sin especificar cuándo acaba o cuándo comienza:

Juana siempre llegaba a las 2.
Cuando era niño jugaba al fútbol.

Se usa el **indefinido** para señalar una oración o acción como acabada en un punto o momento del pasado:

Juan llegó en el tren de las dos.
El profesor llamó a Juan desde su mesa.

1. Pon el verbo en el tiempo adecuado del pasado.

1. Mi primer hijo _____ (*nacer*) en 1983.

2. Mi hermana siempre _____ (*ir*) en autobús a la oficina.

3. Los turistas no _____ (*entender*) lo que _____ (*explicar*) su guía.

4. Ella (*comprender*) _____ enseguida que el niño no _____ (*decir*) la verdad.

5. En 1998 (*tener, ellos*) _____ un accidente y _____ (*vender, ellos*) el coche.

6. Su padre siempre _____ (*traer*) caramelos para los niños.

7. El verano del 99 no _____ (*hacer*) mucho calor en la costa.

8. Ayer no _____ (*subir*) nadie a su habitación.

9. ¿(*pasar, tú*) _____ ayer los apuntes de clase a Clara?

10. Mis tíos (*ser*) _____ personas muy simpáticas y amables.

¡Quihubo, Chava!

Observa las diferencias

España	Hispanoamérica
Muchacho, muchacha	En Argentina: *pibe, piba*
	En México: *chavo, chava*
Novio, novia	En Chile: *pololo, polola*
Supermercado	En Venezuela: *automercado*
Bonito	Hispanoamérica: (más frecuentemente) *lindo*

Para hablar

1. *Carmen soñaba ...*

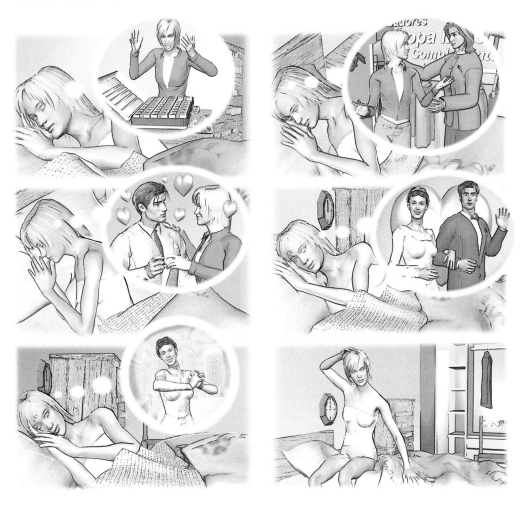

La «v» y la «w»

La **«v»** y la **«w»** se pronuncian igual que la **«b»**. La **«w»** es poco frecuente en español.

Pero en varias palabras tomadas del inglés, la **«w»** se pronuncia como **«u»**:

Wáter, web, beber, vaso.

43

2. Escucha y repite.

Wagneriano, wolframio, valkiria, wáter, wéber, Kuwait, kuwaití.

Haber, beber, habano, había, vivir, bicicleta, escribir.

Web, windsurf, Winchester, western, weekend, show, Washington, sandwich.

Su nombre es Oswaldo.

¿QUÉ ESTÁS HACIENDO?

PISTA 44

 1. Escucha esta conversación.

Marisol: ¿Qué estás haciendo, Teresa?
Teresa: Pues ya ves: tengo hambre y estoy comiendo.
Marisol: ¡Qué suerte! Yo nunca tengo hambre.
Teresa: Entonces, ¿no comes?
Marisol: Sí, pero me aburre comer.

Marisol: ¿Sabes cuántas veces comemos en nuestra vida?
Teresa. Nunca lo he pensado. ¿Cuántas?
Marisol: Unas 50.000 veces.
Teresa. ¡Caramba!
Marisol: Y esto quiere decir que pasamos muchas horas de nuestra vida comiendo. ¡Casi seis años a lo largo de la vida!

Teresa: En resumen, vivimos para comer y dormir, ¿no?
Marisol: Ayer leía que los españoles duermen más de ocho horas diarias, como media.
Teresa: Si pasamos tantas horas comiendo y durmiendo, ¿cuándo trabajamos?
Marisol: Yo me estoy haciendo la misma pregunta.

Marisol: Y aquí está la respuesta: los españoles duermen ocho horas y diecisiete minutos al día y trabajan tres horas y cuarenta y cinco minutos. Curioso, ¿verdad?
Teresa: Empiezo a pensar que los españoles somos raros.
Marisol: Pues no más raros que otros países. Mira, aquí hay más datos: «Los griegos duermen siete horas y veintiún minutos diarios. Y los ingleses trabajan solo una media de tres horas al día».

PISTA 44

2. Escucha de nuevo y repite.

3. Lee el diálogo y responde.

a) ¿Qué está haciendo Teresa?
b) ¿Cuántas horas del día pasamos comiendo?
c) ¿Cuántas horas al día duermen los españoles, de media?
d) ¿Y cuántas horas al día pasan trabajando?
e) ¿Trabajan más horas al día los ingleses que los españoles?

Estudia y practica

Para referirnos a acciones que estamos realizando, usamos el verbo *estar* + forma del gerundio.

Pint-ar Com-er Viv-ir	pint-ando com-iendo viv-iendo	*Marisol está comiendo.* *Estamos llegando a casa.*

Las terminaciones del gerundio no varían. Pero algunos verbos cambian la raíz del gerundio, como la del presente de indicativo:

o > u: dormir – duermo – durmiendo
     Poder - puedo - pudiendo
e > i: pedir - pido - pidiendo
     sentir - siento – sintiendo

Otro grupo de verbos forma el gerundio con *–yendo:*

Caer > ca-yendo
Oír > o-yendo
Leer > le-yendo
Traer > tra-yendo
Construir > Constru-yendo

1. Asocia cada frase al pronombre correspondiente.

yo	*Está oyendo la radio.*
tú	*Estoy leyendo el periódico.*
él	*Estamos viendo la televisión.*
ella	*Están siguiendo a sus padres.*
nosotros	*Estamos escribiendo una carta.*
nosotras	*Estáis construyendo una casa.*
vosotros	*Estáis pidiendo los apuntes de clase.*
vosotras	*Están hablando por teléfono.*
ellos	*Estás barriendo la habitación.*
ellas	*Está durmiendo la siesta.*

Observa y aprende

¿Qué están haciendo...?

Mercedes **está saludando** a sus amigas.

Luisa **está repartiendo** caramelos a los niños.

Carlos **está encendiendo** el fuego.

David **está deshaciendo** sus maletas.

La lavadora **está funcionando** bien.

Ramón **está recogiendo** un premio.

Juan y Pascual **están discutiendo**.

¿Qué **estás diciendo**?

El camarero **está sirviendo** la bebida.

Está nevando en la montaña.

Practica

1. Responde a estas preguntas.

1. ¿Están pintando tu habitación. – *Sí / No* _____
2. ¿Estáis diciendo la verdad? – _____
3. ¿Está Pedro descansando en casa? – _____
4. ¿Estáis arreglando la habitación? – _____
5. ¿Están escuchando la radio? – _____
6. ¿Está Laura preparando un café? – _____
7. ¿Está perdiendo el Real Madrid? – _____
8. ¿Están haciendo sus maletas los primos? – _____

2. Completa estas frases con el verbo en gerundio.

1. El tren (*llegar*) _____ a la estación.
2. Los ladrones (*huir*) _____ de la policía.
3. En este momento mi padre (*ver*) _____ el partido de fútbol.
4. Algunas personas (*pedir*) _____ limosna en la calle.
5. A esta hora los niños ya (*dormir*) _____
6. Ahora (*acabar, yo*) _____ de hacer todos los ejercicios.
7. Mis primos y mis tíos (*hacer un viaje*) _____ por Europa.
8. El profesor (*escribir*) _____ un libro para la clase.

3. Escribe frases ordenando los elementos adecuadamente.

1. mi - estoy - futura - pensando - siempre - en - vida.

_____

2. semana - toda - comprando - fruta - para - estamos - la.

_____

3. internet - está - por - Isabel - navegando.

_____

4. mis - curso - española - gramática - están - haciendo - un - amigas - de.

_____

5. el - enfermos - atendiendo - a - sus - está - médico.

_____

6. jugando - niños - ordenador - están - con - los - el.

_____

7. horas - ahora - trabajando - ocho - estamos - diarias.

_____

Observa y practica

¡Pon la radio!

¡Ven aquí!

¡Haz los deberes!

¡No fumes!

¡No salgas con ella!

¡No escribas en las paredes!

1. Da consejos u órdenes.

1. El niño no obedece a sus padres.   – *¡Obedece a tus padres!*
2. Marta quiere comprar un helado. – _____
3. Las niñas pisan las flores del parque. – _____
4. Carlos no quiere comprar flores para su novia. – _____
5. Los niños no saludan a sus vecinos. – _____
6. El perro no obedece al niño. – _____
7. Mis amigas fuman demasiado. – _____
8. Luisito pone un libro en el suelo. – _____
9. Es peligroso salir de noche. – _____
10. María pone muy alta la música. – _____
11. David pide dinero todos los días a su padre. – _____
12. Debes pensar en tu futuro. – _____

Anímate y habla

1. Completa con *lo / la / los / las*.

1. ¿Quieres una bici? Sí, _____ quiero

2. Estos son tus regalos. ¿_____ quieres?

3. ¿Tienes aquí tu libro? No, no _____ tengo aquí, _____ tengo en casa.

4. ¿Sabes la lección? No, no _____ sé bien.

5. ¿Conoces a mis amigas? Sí, ya _____ conozco.

6. ¿Sabes mi nombre? No, no _____ sé.

7. ¿Compras los discos de esta cantante? No, no _____ compro.

8. ¿Aceptas mi invitación? Sí, _____ acepto.

9. ¿Hacen los ejercicios de español? Sí, _____ hacemos.

10. ¿Invitas a tus primas a tu fiesta de cumpleaños? Sí, _____ invito.

2. Responde según el modelo.

1. ¿Acepto su regalo?   – *Sí, acéptalo.*

2. ¿Le regalo un libro?   – _____

3. ¿Le presto cincuenta euros?   – _____

4. ¿Les pido un lápiz?   – _____

5. ¿Le digo mi nombre?   – _____

6. ¿Le envío un ramo de flores?   – _____

7. ¿Las llamo por teléfono?   – _____

8. ¿Les dejo mis apuntes?   – _____

¿Lo sabes?

1. Reconstruye las palabras con la letra o letras que faltan: *z, c, s, qu.*

1. e__ipo
2. do__e
3. u__ted
4. dic__ionario
5. bi__i__leta
6. pla__a
7. radio__a__ete
8. __ei__iento__
9. __entro
10. __umpleaño__
11. __uatro__iento__
12. feli__idade__
13. ha__er
14. adole__ente
15. die__

2. Ordena las letras y encuentra las palabras escondidas.

DOGNUSE _____   ORRCERT _____

RROMEPI _____   VONONE _____

VATCOO _____   OÉCMID _____

TOARCU _____   XSOET _____

OÉPMTSI _____   UINQOT _____

3. Busca en esta «sopa de letras» los nombres de dieciocho países de habla española.

A	R	G	E	N	T	I	N	A	C	E	M	P
P	O	B	O	L	I	V	I	A	X	C	J	A
E	C	L	O	P	A	R	A	G	U	A	Y	U
R	H	P	A	E	C	U	A	D	O	R	S	A
U	I	U	A	H	G	U	R	U	G	U	A	Y
Z	L	I	M	C	O	L	O	M	B	I	A	K
V	E	N	E	Z	U	E	L	A	G	E	H	A
K	A	E	X	I	P	A	N	A	M	Á	A	Y
P	U	I	E	L	S	A	L	V	A	D	O	R
E	S	P	C	U	B	A	V	E	N	E	R	T
A	R	H	O	N	D	U	R	A	S	U	R	U
P	U	E	R	T	O	R	I	C	O	M	A	N
R	E	P.	D	O	M	I	N	I	C	A	N	A
N	I	C	A	R	A	G	U	A	P	A	R	A
E	S	P	A	Ñ	A	R	G	E	N	T

Como recuerdo

Un recuerdo de tus compañeros y compañeras de clase:

a) Pregunta a tu compañero/a y completa esta ficha:

–*¿Cuál es tu nombre y tus apellidos?*

–*¿Cuál es tu nacionalidad?*

–*¿Dónde naciste?*

–*¿Cuándo es tu cumpleaños: día, mes y año?*

Nombre y apellidos	Nacionalidad	Lugar de nacimiento	Fecha de cumpleaños

b) Haced una lista igual con los datos de todos los alumnos y alumnas de la clase.

Y una receta de regalo como fin de curso:

La tortilla de patatas es un plato típico español. Se prepara con:

Ingredientes (para 4 personas):

- 4 ó 5 patatas de tamaño grande
- 5 ó 6 huevos
- 1 cebolla grande
- Aceite de oliva
- Sal

[Total de puntos: 70]

A) Comprensión oral.

Escucha y anota V (verdadero) o F (falso) (15 puntos).

(Para realizar este ejercicio, escucha la pista 40)

	V	F
a) Rafael llegó tarde a casa después del concierto.		
b) Al concierto fueron muchos jóvenes.		
c) A Luis le gusta la música de los Cabezas Rapadas.		
d) La chica empezó a cantar con los cantantes.		
e) El público sacó a la chica del escenario.		

B) Comprensión escrita.

1. ¿Qué frase de la derecha corresponde a cada frase de la izquierda? [10 puntos]

1. Ahora estudio inglés,	a) pero antes estaba muy ocupada.
2. Este año hago ballet,	b) pero antes pertenecía a un grupo de teatro.
3. Ahora toco la guitarra,	c) pero antes tocaba el piano.
4. Ahora tengo tiempo libre,	d) pero antes estudiaba español.
5. Ahora soy profesor,	e) pero antes era aburrida.
6. Ahora es muy simpática y alegre,	f) pero el año pasado hacía gimnasia.
7. Ahora barren solo la habitación,	g) pero antes era alumno.
8. Ahora colabora con una ONG,	h) pero antes fregaban toda la casa.
9. ¿A cómo está la carne?	i) desde hace cuatro años.
10. He vivido en Sevilla	j) a nueve euros el kg.

2. Pon el texto con el dibujo que le corresponde. (5 puntos)

1. ¿Tiene usted merluza fresca?
2. Hoy las patatas están más baratas que las manzanas.
3. Tendrás suerte y recibirás regalos de tus amigos.
4. –¿Fuiste sola al disco-bar?
   –No, fui con mi amigo Pedro.
5. –Una fan se subió al escenario.
   –¿Y qué hizo?
   –Pues empezó a cantar con ellos.

C) Expresión escrita.

1. Escribe: da consejos u órdenes. (5 puntos)

1. Los muchachos pisan las flores del parque. – _____

2. El niño se baña solo en el mar. – _____

3. Mis amigas fuman demasiado. – _____

4. Es peligroso salir solo de noche. – _____

5. María pone la música muy alta. – _____

6. Luisito pasa el semáforo en rojo. – _____

2. Escribe una frase para cada dibujo. (10 puntos)

_____

_____

_____

Revisión y evaluación

D) Gramática y vocabulario.

1. Completa estas frases con el verbo en futuro. (4 puntos)

1. Mañana por la tarde Isabel (*salir de casa*) _____ a las ocho.

2. En agosto mis amigos (*venir*) _____ pasar las vacaciones conmigo.

3. En febrero mi hermana y yo (*ir*) _____ a España.

4. El viernes próximo (*poder salir*) _____ con mis amigas.

5. La próxima vez (*hacer, yo*) _____ todo lo posible por acompañarte.

6. En cinco años (*haber acabado*) _____ los estudios en la universidad.

7. El mes que viene (*hacer (yo) un viaje*) _____ a Madrid.

8. Los muchachos (*ir de excursión*) _____ a la montaña.

2. Pon el verbo en el tiempo adecuado del pasado. (10 puntos)

1. Mi hermano _____ (*nacer*) en 1983.

2. Mi hermana siempre _____ (*ir*) a pie a la oficina.

3. Los turistas no _____ (*entender*) lo que _____ (*decir*) su guía.

4. Ella (*comprender*) _____ enseguida que el niño no _____ (*decir*) la verdad.

5. En 1998 (*tener, ellos*) _____ un accidente y _____ (*vender, ellos*) el coche.

6. Su padre siempre _____ (*traer*) regalos para los niños.

7. El verano del 99 no _____ (*hacer*) mucho calor en la costa.

8. Ayer no _____ (*subir*) nadie a verlo.

9. ¿(pasar, tú) _____ ayer por la casa de tus abuelos?

10. Mis profesores (ser) _____ muy amables.

3. Escribe el nombre y precio de cada una de estas prendas de vestir. (6 puntos)

_____

_____

_____

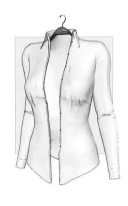

_____

_____

_____

4. Escribe frases que expresen lo contrario, en una o más palabras. (5 puntos)

1. Voy al centro.   – _____

2. Es un joven alto.   – _____

3. La calle es ancha.   – _____

4. El libro está debajo de la mesa. – _____

5. Vive lejos de la ciudad.   – _____

6. Compra un reloj.   – _____

7. El señor descansa.   – _____

8. Es mejor que su hermana.   – _____

9. El niño se acuesta en la cama. – _____

10. ¿Por qué lloras?   – _____

EL ARTÍCULO

	Masculino	Femenino
Singular	el un	la una
Plural	los unos	las unas
Contracto	del al	

LOS DEMOSTRATIVOS

	Singular	Plural
Masculino	este, ese, aquel	estos, esos, aquellos
Femenino	esta, esa, aquella	estas, esas, aquellas
Neutro	esto, eso, aquello	

EL NOMBRE

a) género

Los nombres son masculinos o femeninos. Los nombres masculinos acaban a menudo en **-o** y los femeninos en **-a**. Pero esta norma tiene muchas excepciones.

El niño, el gato.
La niña, la gata.
El profesor.   *La calle.*
Un libro interesante.   *Una niña alegre.*
Un muchacho joven.   *Una muchacha joven.*

b) número

Los nombres forman los plurales añadiendo una «**s**» si acaban en vocal, o añadiendo «**es**» si acaban en consonante:

cubano   *cubanos*
español   *españoles*
española   *españolas*

c) concordancia

El adjetivo concuerda con el nombre en género y en número:

libro blanco   *libros blancos*
niña guapa   *niñas guapas*

POSESIVOS

Antepuestos al nombre

a) Un solo poseedor.

Singular	Plural
mi	mis (yo)
tu	tus (tú)
su	sus (él/ella)

b) Dos o más poseedores.

Singular	Plural
nuestro, nuestra	nuestros, nuestras
vuestro, vuestra	vuestros, vuestras
su	sus

Pospuestos al nombre

a) Un solo poseedor.

Singular	Plural
mío, mía	míos, mías
tuyo, tuya	tuyos, tuyas
suya, suyo	suyos, suyas

b) Dos o más poseedores.

Singular	Plural
nuestro, nuestra	nuestros, nuestras
vuestro, vuestra	vuestros, vuestras
suyo, suya	suyos, suyas

NUMERALES Y ORDINALES

Numerales	Ordinales	Numerales	Ordinales
uno	primero	veinte	vigésimo
dos	segundo	veintiuno	
tres	tercero	veintidós...	
cuatro	cuarto	treinta	trigésimo
cinco	quinto	cuarenta	cuadragésimo
seis	sexto	cincuenta	quincuagésimo
siete	séptimo	sesenta	sexagésimo
ocho	octavo	setenta	septuagésimo
nueve	noveno	ochenta	octogésimo
diez	décimo	noventa	nonagésimo
once	undécimo	cien/ciento	cien/centésimo
doce	duodécimo	ciento veintidós	
trece	décimotercero	doscientos	
catorce	décimocuarto	tresceintos...	
quince	décimoquinto	quinientos	
dieciséis	décimosexto	mil	mil/milésimo
diecisiete	décimoséptimo	dos mil	
dieciocho	décimoctavo	un millón	un millón/millonésimo
diecinueve	décimonoveno	dos millones	

PRONOMBRES PERSONALES

Sujeto	Objeto directo	Objeto indirecto	Reflexivo	Con preposición
yo	me	me	me	mí
tú	te	te	te	ti
él / ella	lo/le, la	le / se	se	él/ella
nosotros/as	nos	nos	nos	nosotros/as
vosotros/as	os	os	os	vosotros/as
ellos / ellas	los/les, las	les / se	se	ellos/as

EL VERBO

Modelos de conjugación verbal regular

			Amar	Temer	Partir
Modo Indicativo	Tiempos simples	Presente	amo	temo	parto
			amas	temes	partes
			ama	teme	parte
			amamos	tememos	partimos
			amáis	teméis	partís
			aman	temen	parten
		Pretérito imperfecto	amaba	temía	partía
			amabas	temías	partías
			amaba	temía	partía
			amábamos	temíamos	partíamos
			amabais	temíais	partíais
			amaban	temían	partían
		Pretérito indefinido (perfecto simple)	amé	temí	partí
			amaste	temiste	partiste
			amó	temió	partió
			amamos	temimos	partimos
			amasteis	temisteis	partisteis
			amaron	temieron	partieron

			Amar	Temer	Partir
Modo Indicativo	*Tiempos simples*	Futuro simple	amaré amarás amará amaremos amaréis amarán	temeré temerás temerá temeremos temeréis temerán	partiré partirás partirá partiremos partiréis partirán
		Condicional/ futuro hipotético	amaría amarías amaría amaríamos amaríais amarían	temería temerías temería temeríamos temeríais temerían	partiría partirías partiría partiríamos partiríais partirían
	Tiempos compuestos	Pretérito perfecto	he amado has amado ha amado hemos amado habéis amado han amado	he temido has temido ha temido hemos temido habéis temido han temido	he partido has partido ha partido hemos partido habéis partido han partido
		Pretérito pluscuam- perfecto	había amado habías amado había amado habíamos amado habíais amado habían amado	había temido habías temido había temido habíamos temido habíais temido habían temido	había partido habías partido había partido habíamos partido habíais partido habían partido
		Pretérito anterior	hube amado hubiste amado hubo amado hubimos amado hubisteis amado hubo amado	hube temido hubiste temido hubo temidő hubimos temido hubisteis temido hubo temido	hube partido hubiste partido hubo partido hubimos partido hubisteis partido hubo partido
		Futuro compuesto	habré amado habrás amado habrá amado habremos amado habréis amado habrán amado	habré temido habrás temido habrá temido habremos temido habréis temido habrán temido	habré partido habrás partido habrá partido habremos partido habréis partido habrán partido
		Condicional compuesto	habría amado habrías amado habría amado habríamos amado habríais amado habrían amado	habría temido habrías temido habría temido habríamos temido habríais temido habrían temido	habría partido habrías partido habría partido habríamos partido habríais partido habrían partido
Modo Subjuntivo	*Tiempos simples*	Presente	ame ames ame amemos améis amen	tema temas tema temamos temáis teman	parta partas parta partamos partáis partan
		Pretérito imperfecto	amara/amase amaras/amases amara/amase amáramos/amásemos amarais/amaseis amaran/amasen	temiera/temiese temieras/temieses temiera/temieses temiéramos/temiésemos temierais/temieseis temieran/temiesen	partiera/partiese partieras/partieses partiera/partiese partiéramos/partiésemos partierais/partieseis partieran/partiesen

		Amar	Temer	Partir
T. simples	Futuro simple	amare amares amare amáremos amareis amaren	temiere temieres temiere temiéremos temiereis temieren	partiere partieres partiere partiéremos partiereis partieren
Tiempos compuesto	Pretérito perfecto	haya amado hayas amado haya amado hayamos amado hayáis amado hayan amado	haya temido hayas temido haya temido hayamos temido hayáis temido hayan temido	haya partido hayas partido haya partido hayamos partido hayáis partido hayan partido
	Pretérito pluscuam-perfecto	hubiera/hubiese amado hubieras/hubieses amado hubiera/hubiese amado hubiéramos/hubiésemos amado hubierais/hubieseis amado hubieran/hubiesen amado	hubiera/hubiese temido hubieras/hubieses temido hubiera/hubiese temido hubiéramos/hubiésemos temido hubierais/hubieseis temido hubieran/hubiesen temido	hubiera/hubiese partido hubieras/hubieses partido hubiera/hubiese partido hubiéramos/hubiésemos partido hubierais/hubieseis partido hubieran/hubiesen partido
	Futuro perfecto	hubiere amado hubieres amado hubiere amado hubiéremos amado hubiereis amado hubieren amado	hubiere temido hubieres temido hubiere temido hubiéremos temido hubiereis temido hubieren temido	hubiere partido hubieres partido hubiere partido hubiéremos partido hubiereis partido hubieren partido
Modo imperativo	Presente	ama amad	teme temed	parte partid

(La primera columna izquierda indica: Modo Subjuntivo)

CONJUGACIÓN DE LOS VERBOS REFLEXIVOS

a) alegrarse
me alegro (mucho)
te alegras
se alegra
nos alegramos
os alegráis
se alegran

llamarse
me llamo (Laura)
te llamas
se llama
nos llamamos
os llamáis
se llaman

b) ME   gusta   leer
TE   gusta   la música
LE   gusta   esta película
NOS gusta   pasear
OS   gusta   ir en bici
LES   gusta   salir con las amigas

c) *A MÍ ME gusta(n)...*
A TÍ TE gusta...
A ÉL/ELLA LE gusta...
A NOSOTROS/AS NOS gusta...
A VOSOTROS/AS OS gusta...
A ELLOS/ELLAS LES gusta...

El número entre paréntesis se refiere a la unidad en que cada voz aparece por vez primera

A

a (5)
a la derecha (3)
a la izquierda (3)
a menudo (12)
abierto (10)
abogado (6)
abrigo (3)
abril (9)
abrir (8)
abuelo (8)
aburrirse (19)
acabar (6)
accidente (19)
acción (13)
aceite (20)
aceptar (13)
acompañar (8)
aconsejar (15)
acordarse (10)
acostarse (18)
actividad (16)
actor (6)
actriz (6)
actuación (17)
acuerdo (16)
acusado (9)
adorno (17)
aeropuerto (10)
afectado (17)
afirmar (10)
afueras (8)
agarrar (14)
agencia (9)
agosto (9)
agradable (2)
agua (6)
ahora (8)
ahorrar (17)
aire (12)
ají (16)
al (5)
al lado de (5)
ala (14)
albañil (6)
alegrarse (10)
alegre (8)
alegría (10)

alfombra (4)
algo (2)
alguien (9)
allí (2)
almuerzo (12)
¿aló? (13)
alrededor (12)
alto (2)
alumno (2)
amable (8)
amarillo (11)
americano (1)
amigo (1)
amistad (17)
amor (17)
amoroso (17)
analítico (17)
ancho (15)
andar (15)
animado (14)
animal (14)
anoche (18)
anorak (11)
ante (15)
antiguo (3)
añadir (8)
año (3)
apagado (9)
aparcar (9)
apartamento (10)
apellido (5)
apetecer (7)
aplaudir (18)
aprender (14)
apuntes (19)
aquel (2)
aquí (3)
árbol (3)
arena (12)
argelino (1)
argentino (1)
armario (5)
arreglar (14)
arroz (12)
arte (19)
así (9)
asiento (9)
asunto (17)
atasco (9)

¡atención! (15)
atender (20)
atractivo (6)
atrevido (17)
aumento (17)
auto (9)
autobús (4)
autocar (13)
automercado (19)
aventura (11)
avión (8)
avisar (17)
ayudar (5)
ayuda (17)
azafata (6)
azúcar (8)
azul (11)

B

bachillerato (17)
bailar (18)
baile (18)
bajar (15)
bajo (2)
ballena (14)
ballet (19)
baloncesto (18)
banana (16)
banano (16)
banco (5)
banderín (15)
bañar (12)
baño (11)
bar (1)
barato (2)
barco (11)
barrer (19)
barrio (8)
basílica (15)
bastante (4)
basura (15)
beber (7)
bebida (17)
beige (11)
besar (9)
biblioteca (3)
bici (20)

bicicleta (16)
bien (4)
bikini (11)
billete (9)
blanco (4)
blusa (11)
boca (3)
bocadillo (3)
bolígrafo (1)
bollo (12)
bolsillo (17)
bolso (5)
bombón (11)
bonito (4)
borrar (1)
brasileño (1)
buen provecho (15)
bueno (2)
¿bueno? (13)
bus (9)
buscar (5)
butaca (10)
butacón (17)

C

cada (3)
caer (12)
café (2)
calcetín (10)
calle (8)
callos (15)
calor (9)
caluroso (12)
calzoncillos (16)
cama (3)
camarero (1)
camión (14)
camisa (5)
camiseta (11)
campera (11)
campo (8)
canción (5)
cansado (15)
cantante (6)
cantar (5)
¡caramba! (13)
caramelo (11)

carne (7)
caro (2)
carpeta (9)
carrera (14)
carretera (9)
carro (9)
carta (8)
cartel (6)
cartero (9)
casa (2)
casado (19)
casarse (10)
casi (6)
catarro (16)
catedral (15)
catorce (2)
caviar (2)
cazadora (11)
cazuela (7)
cebolla (20)
cecina (15)
celebrar (13)
cena (12)
céntimos (19)
cerca (3)
cerrar (9)
cerveza (7)
césped (15)
chaleco (11)
chaqueta (6)
chaquetón (11)
charlar (15)
chavo (19)
chico (2)
chile (16)
chileno (1)
chino (2)
cien (10)
chocolate (15)
chompa (11)
chorizo (15)
cielo (12)
ciencia (17)
ciento (10)
cierto (8)
cinco (1)
cinturón (16)
círculo (6)
ciudad (3)
claro (6)
clase (1)
cliente (13)
clima (12)
coche (2)
coger (9)
colaborar (19)
colectivo (9)
colegio (14)
colombiano (1)
color (9)
comer (9)

comida (10)
cómo (3)
cómodo (4)
compañero (4)
compartir (8)
completo (10)
compra (11)
comprar (4)
comprender (7)
con (3)
concierto (6)
conducir (8)
conjunto (18)
conocer (11)
consejo (15)
consola (16)
construir (20)
contable (5)
contar (15)
contento (13)
contigo (11)
contra (9)
copa (17)
corbata (7)
correr (7)
corto (11)
costa (19)
costar (11)
cristal (17)
cruzar (15)
cuaderno (5)
cuadro (7)
cuál (6)
cuánto (6)
cuarenta (10)
cuatro (1)
cuatrocientos (10)
cubano (1)
cuello (11)
cuento (14)
cuidado (15)
cumpleaños (9)
cumplir (8)

D

de (1)
debajo de (3)
deberes (7)
decidir (8)
décimo (9)
decir (13)
del (3)
delante de (3)
delgado (2)
demasiado (10)
dentro de (3)
deporte (11)
deprisa (8)
desayunar (12)

desayuno (12)
descansar (6)
descanso (15)
desde (10)
deshacer (20)
desierto (12)
desordenado (3)
despejado (12)
después (8)
detener (17)
detrás de (3)
deuda (17)
día (2)
diario (20)
dibujante (13)
dibujo (3)
diccionario (9)
dicho (14)
diciembre (9)
diecinueve (6)
dieciocho (6)
dieciséis (6)
diecisiete (6)
diez (1)
diferente (12)
¿diga? (13)
¡dígame! (13)
digital (16)
dinero (14)
dinosaurio (14)
dirección (8)
disco (8)
discoteca (13)
discutir (20)
divertido (13)
divertir(se) (17)
doce (6)
docena (16)
domingo (6)
dónde (3)
dormir (12)
dos (1)
doscientos (10)
dulce (16)

E

economía (18)
económicas (5)
economista (1)
edificio (3)
él (2)
el (3)
electrónico (17)
elefante (16)
elegante (10)
elegir (15)
emoción (18)
empezar (9)

empleado (5)
empresa (1)
en el centro (3)
en punto (7)
en (2)
¡encantado! (13)
encantar (11)
encima de (3)
encontrar (4)
enero (9)
enfadado (3)
enfadarse (17)
enfermera (1)
enfermo (1)
enfrentar(se) (17)
¡enhorabuena! (10)
ensalada (7)
enseguida (9)
entonces (3)
entrada (15)
entrar (5)
entre (3)
entrevistar (13)
escala (17)
escalera (8)
escenario (18)
escribir (8)
escrito (14)
escritor (6)
escuchar (11)
escuela (1)
ese (5)
espacio (17)
español (1)
especial (7)
especialización (18)
especialmente (12)
esperar (6)
esquiar (12)
esta (1)
estación (20)
estacionar (9)
estancia (10)
estantería (15)
estar (3)
estatua (3)
este (1)
estrecho (15)
estropeado (10)
estudiante (1)
estudiar (1)
estudios (5)
estupendamente (14)
estupendo (3)
euro (9)
exactamente (7)
examen (14)
excelente (10)
excursión (11)
exótico (17)
explicar (19)

F

falda (10)
familia (8)
famoso (18)
fan (18)
fantástico (12)
farmacia (13)
febrero (9)
¡felicidades! (13)
felicitación (18)
felicitar (17)
feliz (10)
feo (15)
ficción (17)
fiesta (13)
figura (15)
filete (7)
fin (9)
final (3)
firme (9)
flauta (18)
flor (14)
forma (10)
¡formidable! (10)
formulario (18)
fotocopia (19)
fotógrafo (6)
francés (3)
frecuentemente (19)
fregar (19)
fresa (16)
fresco (12)
frigorífico (9)
frío (12)
frito (12)
fruta (7)
frutilla (16)
fuego (15)
fuente (5)
fuera (7)
fuerte (15)
fumar (15)
funcionar (20)
fútbol (6)
futuro (18)

G

gabardina (11)
gafas (8)
galletas (12)
garaje (10)
gastar (14)
gato (3)
gazpacho (12)
generalmente (12)
gente (12)
gerente (18)
gimnasia (7)

gimnasio (13)
girar (15)
gordo (6)
gótico (15)
gracias (3)
gran (18)
grande (3)
gripe (17)
gris (11)
grueso (15)
guagua (14)
guapo (6)
guardar (15)
guerra (14)
guía (15)
guitarra (6)
gustar (8)
gusto (1)

H

haber (3)
habitación (5)
hablar (3)
hacer (7)
hambre (7)
hasta (9)
hecho (9)
heladera (9)
helado (11)
hermano (8)
hermoso (9)
hijo (8)
¡hola! (1)
hoja (10)
hora (7)
horario (5)
hospital (6)
hotel (6)
hoy (3)
huevo (12)
huir (20)

I

ida (9)
idea (7)
idioma (5)
iglesia (15)
igual (16)
imagen (16)
impetuoso (17)
importar (8)
imposible (17)
incluso (17)
industrial (16)
ingeniero (6)
inglés (1)
ingredientes (20)

inteligente (8)
intención (13)
interesante (3)
interesar (5)
internet (14)
invierno (9)
invitación (13)
invitar (13)
ir (8)

J

jamón (15)
japonés (2)
jardín (5)
jersey (11)
jornada (5)
joven (6)
jueves (6)
jugar (9)
jugo (16)
juguete (6)
julio (9)
junio (9)
juntos (7)

K

kilo (16)

L

la (1)
lado (3)
ladrón (3)
lámpara (3)
lana (11)
lápiz (6)
largo (11)
lavadora (20)
lavar(se) (15)
lección (14)
leche (5)
leer (7)
lejos (8)
lengua (19)
lentejas (12)
león (6)
leonés (15)
levantar(se) (18)
libre (6)
libro (2)
ligero (12)
limosna (20)
limpiar (15)
limpio (3)
lindo (9)

línea (13)
lista (13)
listo (3)
literatura (5)
litro (18)
llamarse (1)
llave (9)
llegar (9)
lleno (3)
llevar (5)
llorar (18)
llover (12)
lluvia (12)
lotería (10)
luego (6)
lugar (12)
lunes (6)
luz (15)

M

madre (8)
mal (12)
maleta (9)
malo (3)
mamá (8)
mancha (14)
mandar (18)
manga (11)
manzana (8)
mañana (9)
mapa (3)
mar (12)
maravilla (11)
marido (8)
marino (14)
marrón (11)
martes (6)
marzo (9)
más (6)
matrícula (18)
mayo (6)
mayor (8)
me (1)
media (9)
medias (16)
médico (1)
medio (13)
mediodía (12)
mejor (16)
menos (10)
mensaje (19)
menú (7)
mercado (14)
merienda (12)
merluza (16)
mes (12)
mesa (3)
meticuloso (17)
metro cuadrado (15)

mexicano (1)
mi (3)
mí (11)
miércoles (6)
mil (13)
millón (13)
¡mira! (1)
mirar (3)
mis (7)
moda (3)
moderar (15)
moderno (10)
modesto (17)
momento (18)
montaña (12)
moreno (11)
mover (15)
móvil (8)
muchacho (8)
mucho (1)
mueble (15)
mujer (6)
mundo (17)
museo (9)
música (6)
muy (2)

N

nacer (18)
nada (6)
naranja (16)
naturalmente (9)
navegar (15)
navidad (15)
necesitar (4)
negar (9)
negativo (17)
negro (11)
nevar (12)
nevera (9)
niebla (12)
nieve (12)
niño (2)
no (2)
noche (9)
normal (19)
norte (12)
nos (7)
nosotros (3)
noticia (9)
novela (11)
noveno (9)
noviembre (9)
novio (19)
nube (12)
nublado (12)
nuevo (2)
número (7)
nunca (9)

O

obedecer (20)
objeto (14)
obra de teatro (7)
octavo (9)
octubre (9)
oferta (16)
oficina (9)
oír (8)
ola (12)
oliva (20)
olvidar (9)
ómnibus (9)
once (6)
ópera (17)
ordenado (5)
ordenador (8)
ordenar (15)
organizador (17)
organizar (15)
oscuro (15)
otoño (9)

P

paciente (17)
padre (8)
paella (7)
pagar (5)
página (3)
país (14)
paisaje (13)
pan (2)
panadería (13)
pantalón (10)
pantalones (11)
papa (16)
papá (8)
paquete (14)
par (14)
para (3)
paraguas (5)
parecer (16)
pared (15)
pareja (17)
parque (4)
parquear (14)
parte (3)
partido (9)
partir (8)
pasaporte (10)
pasar (10)
pasear (4)
paseo (6)
pasillo (3)
pastel (13)
patata (7)
patio (5)
paz (14)

pedir (10)
peinar (19)
película (7)
peligro (17)
peligroso (15)
pelo (16)
peluquería (13)
pena (9)
pensar (9)
peor (16)
pequeño (6)
pera (16)
perder (9)
periódico (15)
periodista (1)
permanecer (18)
pero (2)
perro (15)
persona (8)
pertenecer (18)
pesado (10)
pescado (7)
piano (5)
pibe (19)
picante (15)
pie (11)
piel (5)
pimiento (16)
pintar (6)
piña (16)
piscina (13)
piso (5)
pizarra (3)
planchar (19)
planta (15)
plátano (11)
plato (12)
playa (12)
plaza (3)
poco (4)
poder (8)
polera (11)
policía (6)
política (19)
pollera (11)
pollo (18)
polo sur (14)
pololo (19)
polvo (15)
poner (8)
por favor (7)
por supuesto (13)
por (5)
portátil (9)
posible (17)
postre (7)
práctico (17)
prado (14)
precio (11)
preferente (9)
preferir (8)

premio (20)
preparar (9)
prestar (15)
prestar (19)
primavera (9)
primero (7)
principio (12)
privado (17)
probar (11)
problema (13)
profesor (1)
pronto (6)
próximo (10)
público (18)
pueblo (18)
puerta (3)
puerto (19)
pues (2)
pullóver (11)
puntual (7)

Q

qué (1)
que (3)
quedar (11)
querer (10)
queso (16)
quien (6)
quién (8)
quince (6)
quinientos (10)
quinto (9)
quitar (15)

R

radio (6)
ramo (20)
rápido (3)
rato (19)
real (9)
realidad (17)
realmente (10)
recibir (8)
recoger (20)
recordar (9)
refrigeradora (9)
regalar (17)
regalo (8)
región (12)
relación (17)
rellenar (18)
reloj (7)
remera (11)
repartir (8)
reserva (10)
reservar (9)
resfriado (5)

respetar (15)
responder (7)
respuesta (20)
restaurante (7)
revista (5)
reyes magos (8)
ritmo (18)
rodaja (16)
rojo (11)
románico (15)
romper (14)
rompieron (18)
ropa (14)
rosa (11)
roto (14)
rubio (6)
ruinas (15)
ruso (1)

S

sábado (6)
saber (8)
sacar (15)
saco (11)
sala (3)
salida (18)
salir (4)
salmón (16)
salud (7)
saludar (14)
salvaje (14)
sano (16)
santo (8)
secretaria (1)
secundario (18)
sed (15)
seguir (15)
segundo (7)
semáforo (15)
semana (12)
sentar (11)
sentir (9)
señor (2)
señora (3)
señorita (3)
separar (15)
septiembre (9)
séptimo (9)
ser (1)
serio (16)
servir (10)

sesenta (10)
setecientos (13)
sexto (9)
sí (1)
siempre (7)
siesta (20)
silencio (15)
silla (6)
simpático (2)
sitio (15)
situación (15)
situado (12)
sobre (3)
sofá (4)
sol (9)
soler (12)
solo (3)
sólo (12)
sombrero (14)
su (8)
suave (11)
subir (8)
sucio (3)
sudadera (11)
sueldo (17)
suelo (19)
sueño (17)
suerte (3)
sufrir (8)
supermercado (6)
sur (12)

T

tabaco (2)
tal (7)
talla (11)
tamaño (20)
también (1)
tampoco (8)
tapa (15)
tapado (11)
tapear (15)
tarde (5)
tarjeta (9)
taxi (6)
taxista (1)
te (8)
teatro (13)
techo (15)
teléfono (7)
televisión (14)

televisor (6)
temperatura (12)
temprano (18)
tener (3)
tercero (9)
ternera (7)
terraza (13)
ticket (10)
tiempo (9)
tienda (6)
tierra (14)
tío/a (8)
típico (12)
tocar (5)
todavía (9)
todo (6)
tomar (7)
tomate (16)
tontería (17)
top (11)
tormenta (12)
tortilla (12)
tostada (12)
trabajador (14)
trabajar (5)
trabajo (5)
traer (9)
traje (11)
tranquilidad (14)
trece (6)
tren (9)
trescientos (10)
tú (1)
tu (8)
turista (8)

U

último (12)
un (1)
universidad (3)
urgente (9)
usar (5)
usted (4)

V

vacaciones (9)
vacío (16)
vajilla (17)
valer (17)

valle (12)
vaqueros (11)
variado (12)
vaso (4)
veinte (6)
veintiún (5)
velocidad (15)
vendedor (16)
vender (7)
ventana (8)
ver (7)
verano (9)
¿verdad? (8)
verdad (10)
verde (11)
verdura (12)
vestido (11)
vestir (11)
vez (8)
viajar (9)
viaje (7)
vida (15)
video/vídeo (14)
videojuego (16)
vidrieras (15)
viejo (10)
viento (12)
viernes (6)
vino (7)
visita (15)
visitar (9)
vivir (8)
vivo (8)
volumen (15)
volver (9)
vosotros (2)
voz (8)
vuelta (9)

Y

y (1)
ya (7)
yo (1)

Z

zapatos (10)
zumo (15)